马克思主义简明读本

社会基本矛盾理论

丛书主编：韩喜平

本书著者：吕连凤

编 委 会：韩喜平　邵彦敏　吴宏政

王为全　罗克全　张中国

王　颖　石　英　里光年

吉林出版集团股份有限公司

图书在版编目（ＣＩＰ）数据

社会基本矛盾理论/吕连凤著.--长春:吉林出版集团股份有限公司，
2013.9（2021.2重印）
（马克思主义简明读本）

ISBN 978-7-5534-2589-4

Ⅰ.①社…　Ⅱ.①吕…　Ⅲ.①社会—基本矛盾—理论研究Ⅳ.①B032

中国版本图书馆CIP数据核字(2013)第174588号

社会基本矛盾理论
SHEHUI JIBEN MAODUN LILUN

丛书主编：韩喜平
本书著者：吕连凤
项目策划：周海英　耿　宏
项目负责：周海英　耿　宏　宫志伟
责任编辑：矫黎晗
出　　版：吉林出版集团股份有限公司
发　　行：吉林出版集团社科图书有限公司
电　　话：0431-81629720
印　　刷：永清县晔盛亚胶印有限公司
开　　本：710mm×960mm　1/16
字　　数：100千字
印　　张：12
版　　次：2013年9月第1版
印　　次：2021年2月第3次印刷
书　　号：ISBN 978-7-5534-2589-4
定　　价：36.00元

如发现印装质量问题，影响阅读，请与出版方联系调换。

序　言

习近平总书记指出，青年最富有朝气、最富有梦想，青年兴则国家兴，青年强则国家强。青年是民族的未来，"中国梦"是我们的，更是青年一代的，实现中华民族伟大复兴的"中国梦"需要依靠广大青年的不断努力。

要提高青年人的理论素养。理论是科学化、系统化、观念化的复杂知识体系，也是认识问题、分析问题、解决问题的思想方法和工作方法。青年正处于世界观、方法论形成的关键时期，特别是在知识爆炸、文化快餐消费盛行的今天，如果能够静下心来学习一点理论知识，对于提高他们分析问题、辨别是非的能力有着很大的帮助。

要提高青年人的政治理论素养。青年是祖国的未来，是社会主义的建设者和接班人。党的十八大报告指出，回首近代以来中国波澜壮阔的历史，展望中华民族充满希望的未来，我们得出一个坚定的结论——实现中华民族伟大复兴，必须坚定不移地走中国特色社会主义道路。要建立青年人对中国特色社会主义的道路自信、理论自信、制度自信，就必须要对他们进行马克思主义理论教育，特别是中国特色社会主义理论体系教育。

要提高青年人的创新能力。创新是推动民族进步和社会发展的不竭动力，培养青年人的创新能力是全社会的重要职责。但创新从来都是继承与发展的统一，它需要知识的积淀，需要理论素养的提升。马克思主义理论是人类社会最为重大的理论创新，系统地学习马克思主义理论有助于青年人创新能力的提升。

要培养青年人的远大志向。"一个民族只有拥有那些关注天空的人，这个民族才有希望。如果一个民族只是关心眼下脚下的事情，这个民族是没有未来的。"马克思主义是关注人类自由与解放的理论，是胸怀世界、关注人类的理论，青年人志存高远，奋发有为，应该学会用马克思主义理论武装自己，胸怀世界，关注人类。

正是基于以上几点考虑，我们编写了这套《马克思主义简明读本》系列丛书，以便更全面地展示马克思主义理论基础知识。希望青年朋友们通过学习，能够切实收到成效。

韩喜平

2013年8月

目　　录

引　言

社会基本矛盾理论是马克思历史唯物主义的主要内容，是对人类社会发展规律以及发展动力的根本探寻和解答，是理解全部人类历史发展奥妙的一把钥匙。它包括生产力与生产关系的矛盾、经济基础与上层建筑的矛盾，这两对矛盾及其运动，构成了人类社会的基本矛盾，推动人类历史向前发展。

马克思主义不同于以往的任何一种哲学，它是一种新唯物主义。在马克思看来，以往的哲学家著书立说，完全基于对世界的"解释"，而马克思郑重指出，问题不在于"解释世界"，而在于"改变世界"。在马克思以前，唯心主义哲学家出于维护统治阶级的利益要求，编织出一套安抚被压迫阶级的谎言，无视被压迫阶级的生存困境，对之没有任何同情，他们主张社会意识决定社会存在，历史是英雄人物伟大思想的产物，以此来为统治阶级辩护。马克思、恩格斯虽然出身于资产阶级家庭，但他们积极参加社会实践，了解工人阶级的疾苦，转变自身阶级立场，提出"绝对命令：必须推翻那些使人成为受屈辱、被奴役、被遗弃和被蔑视的东西的一切关系"。为实现无产阶级和全人类的解放，马克思、恩格斯批判地继承了前人的成果，在科学实践观的基础上，创立了唯物主义历史观（历史唯物主义），它是对以往唯心主义历史观的彻底颠覆，是一种新唯物主义。根据唯物史观，社会存在决定社会意识，物质生活的生产方式制约着整个社会生活、政治生活和精神生活的过程。历史不是英雄、天才创造的，相反，历史是人们追求自己目的的人的活动，其中用于满足人类物质需要的生产活动，是历史的第一个活动。因此，物质生活资料的生产方式是社会历史发展的决定力量。生产方式是生产力和生产关系的统一，由生产力和生产关系的矛盾，以及在此基础上形成的经济基础和上层建筑的矛盾，构成了社会发展的真正动力。正是由于这一伟大的发现，唯心主义从它最后的避难所——历史观中被驱逐出来了，马克思、恩格斯破大荒地破解了"历史之谜"。

社会基本矛盾决定社会形态从低到高，不断更替和发展。在不同的历史时期或不同的社会形态中，社会基本矛盾所表现出来的具体矛盾及其性质是不同的。在阶级对抗的社会里，其矛盾也是对抗性的，表现为阶级斗争，并最后通过革命来解决社会基本矛盾；在社会主义社会，生产资料公有制代替资本主义私有制，使生产资料的所有关系符合生产社会化的内在要求，使原有的发生对抗的资本主义私有制与生产的社会化的基本矛盾得到解决。在社会主义社会，根本任务是发展生产力，因此，改革成为解决社会基本矛盾的主要方式。同样，在任何社会，科学技术和文化的发展，都会对社会发展产生不可忽视的推动作用。但在所有的这些动力中，社会基本矛盾是社会发展的根本动力，它决定着社会所有其他方面的发展、决定着社会形态的不断更替。在社会基本矛盾的作用下，在人类为改变自身、实现解放的实践中，社会在经历了生产力高度发达的资本主义社会之后，必将进入生产力更加发达的共产主义社会，实现人类解放和人的全面而自由的发展。

第一章　社会基本矛盾的起源

　　人类社会是如何产生和发展的？它发展的动力是什么？人类社会的发展有没有客观规律？这些都是历史观的核心问题。在马克思、恩格斯之前，许多哲学家、思想家都会对这些问题进行追问，并给出自己的解答。但他们给出的答案都是唯心主义的，也是不科学的。只有马克思、恩格斯创立了唯物主义历史观，才拿到了打开社会历史迷宫的钥匙，从而真正解开了社会历史发展之谜。在马克思看来，社会存在决定社会意识，物质生活的生产方式制约着整个社会生活、政治生活和精神生活的过程。历史既不是英雄、伟人思想的产物，也不是上帝七天创造的，相反，历史是人们追求自己目的的人的活动，人们自己创造自己的历史。在这种"创造"活动和实践活动中，满足人类物质需要的生产活动，是人类历史的第一个活动。因此，物质生活资料的生产方式是社会历史发展的决定力量。生产方式是生产力和生产关系的矛盾统一体，它回答的是人们怎样进行生产的问题。马克思认为，人们怎样生产，也就意味着怎样生活。这是人类历史发展的真正根源。

第一节　唯心主义历史观：社会意识决定社会存在

人类社会的所有现象，从大的角度来划分，无非归为两大类，即社会存在（社会的物质方面）与社会意识（社会的精神方面）。在马克思主义产生之前的漫长历史发展中，受社会历史条件所限，生产力水平较低，大多数人从事物质资料的生产活动，少数人从事政治统治并垄断精神文化，因而统治阶级一直把精神因素看作是历史发展的本质和动力，认为满足人们吃、喝、住等物质需求的经济活动是低俗的、不值一提的。同时，在阶级社会中，剥削阶级的思想家为了维护本阶级的利益，出于阶级的偏见，不敢承认广大人民群众的历史作用，而需要用唯心主义历史观来麻痹大众的觉醒意识，使大众安于生存现状，从而维护了统治阶级的利益，妄图使统治阶级永远居于统治地位。在马克思主义产生以前，唯心主义历史观一直占据统治地位。这些思想家在对历史规律进行探寻的时候，或者更加注重的是历史发展中人们活动的思想动机，认为是人们的思想动机，进一步说是英雄人物的思想或精神决定历史的发展及其走向；或者把历史发展归结于独立于人的、在人之外的某种自然精神的作用。马克思以前的唯物主义者，也试图对历史本质作过探讨，如自然主义的历史观。但归根到底，马克思以前所有的历史观都是一种唯心主义的历史观，认为社会意识决定社会存在，精神决定历史，从而根本否认社会历史的发展具有客观规律，根本否认社会存在在社会历史发展中的基础性和根本性作用，根本否认人民群众在社会历史发展中的决定作用。

一、唯心主义对历史本质的探寻

1939年9月1日，希特勒德国的机群侵入波兰，进行狂轰滥炸，……历时六年的第二次世界大战爆发。战火蔓延欧、亚、非三洲，先后有60多个国家，占世界4/5的人口卷入其中。无数的城市和农村变成废墟，几千万人被淹没在血泊之中。有人认为，二战的爆发完全是由希特勒此前所著的《我的奋斗》一书引起的，认为此书宣扬了种族复仇主义等一些反动思想，从而使纳粹分子发动了这场战争。甚至有些读者认为，如果早些时候，世界上开明的政治家读了这本书，加以预防，这场世界性的大灾难是完全可以避免的。一本书的思想，一个希特勒，竟然有这么大的神通，能够左右人类的历史命运！

让我们细细思量一下。希特勒《我的奋斗》这本书，对二战的爆发，或许会起到一定的作用，但它绝不是二战爆发的根本原因。在人类社会历史发展中，起决定作用的，不是精神的力量，不是人的思想，而是物质的力量。可以说，二战爆发具有深刻的经济、政治和社会根源，是帝国主义矛盾尖锐化的必然结果。帝国主义是垄断的资本主义，为了榨取最大限度的垄断利润，不仅要残酷地剥削本国劳动人民，而且必然要实行侵略扩张的政策，疯狂地掠夺殖民地和别国人民。特别是1929年发生了席卷资本主义世界的经济危机，使资本主义的各种矛盾更加尖锐化，进一步加剧了这种斗争，最终导致二战爆发。可见，二战的爆发绝不是某一个人的主观愿望的结果。所以，对二战爆发抱这种态度的人，所秉持的，就是唯心主义历史观，是一种英雄主义历史观。这种历史观是把少数历史人物或英雄人物的主观意志、动机看作是社会发展变化的根源，把人的意志、意识活动或心理活动看作是社会发展的本质。

我国宋朝唯心主义哲学家朱熹认为，决定历史变化的主要原因是人心的好坏，特别是帝王心术的好坏。在朱熹看来，帝王、英雄能够主宰历史。梁启超认为，大人物"心理之动进稍易其轨，而全部历史可以改观"，"历史者、英雄之舞台也，舍英雄几无历史"。这些都是英雄史观的表现。这种唯心主义历史观，用人们常说的一句话来概括，就是"英雄造时势"。

与把英雄的精神、意志等主观的东西，看作是历史发展的原因不同，还有许多人把"上帝"、"神"、"命"、"绝对精神"等客观的精神看作是历史发展的原因。例如，德国哲学家黑格尔认为，人类的历史之所以发展到今天这个样子，就是由"绝对精神"决定的。这种"绝对精神"，无所不在，无所不能，极为玄妙。它走到哪里，哪里就文明发达。在黑格尔看来，"绝对精神"是从东方向西方移动的，世界历史也就开始于东方，终结于西方。它以东方的大帝国中国、印度、波斯为开端，经由地中海，到了18世纪，"绝对精神"已经转移到了欧洲，所以，东方没落了，欧洲发达了，世界历史达到了它的顶点，也可以说，欧洲"绝对是历史的终点"。这是一种精神支配历史的观点，是在为欧洲统治阶级作辩护，这就是唯心主义大哲学家黑格尔对历史本质的解答。

唯心主义者在对待人民群众的历史发展问题时，常常极尽贬低之能事。黑格尔贬低普通个人和人民群众在历史发展过程中的决定作用，认为只有英雄们建功立业。在黑格尔看来，人民就是不知道自己需要什么的那一部分人。知道别人需要什么，尤其是知道自在自为的意志即理性需要什么，则是深刻的认识和判断的结果，这恰巧不是人民的事情；人民只是一种群体，只是一群无定型的东西。因此，他们的行动完全是自发的、无理性的、野蛮的、恐怖的，只有英雄们建功立业，担负责任。人民与英雄之间绝对没有共同的地方。可以说，在历史创造者问题上，黑格尔所持的，仍就是英雄主义历史观。

二、旧唯物主义对历史本质的探寻

18世纪，法国许多唯物主义者、启蒙思想家在历史发展本质问题上，都持一种"环境决定论"的思想。如，爱尔维修反对宗教神学，提出"人是环境的产物"这个命题，主张环境决定社会的发展，好的环境促进社会进步，坏的环境会造成不良的社会风气，阻碍社会的发展。他所说的环境，主要指的是政治法律制度，结论是："法律制造一切。"而政治法律制度又是由占统治地位的人们制定的，是政治上层建筑，所以，"全民的美德，靠的是法律的完善，法律的完善，靠的是人类理性的进步"。他绕了一个大圈子，又回到了"意志支配世界"的唯心主义历史观。

孟德斯鸠在《论法的精神》一书中指出："不同气候的不同需要产生了不同的生活方式；不同的生活方式产生了不同种类的法律。热带民族的怯懦常常使这些民族成为奴隶，而寒冷气候民族的勇敢使他们能够维护自己的自由，这是自然的原因所产生的结果。居住在山地上的人坚决主张需要平民政治，平原上的人则要求由一些上层人物领导的政体，近海的人则希望一种由二者混合的政体。"这种"地理环境决定论"，虽然看到了地理环境作为"社会存在"在历史发展中的重要性，但它却夸大了地理环境的作用，因而这种观点依旧是唯心主义的历史观。

就我国来说，东汉时期唯物主义哲学家王充与春秋时期管仲的观点相同，他曾说："夫世之所以为乱者……由谷食乏绝，不能忍饥寒。"又说："传曰：仓廪实，民知礼节，衣食足，民知荣辱。"他力图用朴素的唯物主义观点，用物质的原因去解释和说明社会意识（道德）的产生以及一些历史现象的出现。但是，他又把物质生活的好坏归结为自然条件，如风调雨顺或水旱虫灾，等等，这样就不可避免地又陷入了唯心主义的命定论。

旧唯物主义者对自然界的解释是唯物主义的，而对社会历史的看法，却是唯心主义的。无论是把社会的发展归结为政治环境的爱尔维修，还是把社会的发展归结为物质因素的孟德斯鸠、管仲和王充。就前者来说，主张法律或理性决定历史发展，仍旧是用人们的社会意识去解释社会的存在和发展；后者虽然看到了"社会存在"中的一些物质因素的重要性，具有朴素的唯物主义倾向，使人们对于社会历史的思考从精神转向物质，具有一定的合理性。但由于不具有辩证法的精神，把社会历史的发展完全归于自然界自身，归结于"老天"是否仁慈，并且看不到历史主体或人民群众在社会历史发展中的重要作用，也就是说，他们都没有看到物质生产实践在社会历史发展中的决定作用。由此可见，旧唯物主义者所持的观点，都是"半截子"的唯物主义。他们的世界观，下半截是唯物主义的，而上半截却是唯心主义的，不具有科学性，并没有达到对社会发展动因的真正理解。

总之，由于历史的局限，在马克思主义产生以前，不仅唯心主义者的历史观点不能不是唯心主义的，而且连唯物主义者的历史观也是唯心主义的。他们对"历史之谜"的解答都是不科学的，都没有找到历史的"发动机"。社会历史领域，成了唯心主义最后的避难所。只有马克思主义的唯物史观，才将唯心主义从它最后的避难所中赶了出去，历史成为唯物主义的历史，唯物史观得以诞生。

第二节　唯物主义历史观：社会存在决定社会意识

一、唯物史观产生的理论前提

以往的哲学家（无论是唯物主义者还是唯心主义者），在对人类历史发展本质的理解中，尽管是唯心主义的，但其中仍有许多"珍宝"熠熠闪光，并为马克思、恩格斯所吸收，成为唯物史观创立的理论前提。主要包括黑格尔的"合理内核"辩证法和费尔巴哈关于"人"的思想。

黑格尔哲学充满辩证法思想。恩格斯称赞黑格尔的"伟大功绩"，就是把整个自然的、历史的和精神的世界描写为一个过程，即把它描写为处在不断地运动、变化、转变和发展中，并企图揭示这种运动和发展的内在联系。例如，关于世界历史是一个合理过程的思想；关于世界历史是一个从低级到高级、从不完善到完善逐步发展的思想，以及关于历史发展是一个阶段性和连续性相统一的思想，等等，都是对人类社会历史发展规律的有益探寻。马克思把黑格尔的辩证法看作是他的"最后成果"，是"合理内核"。"合理"之处就在于，辩证法的实质是，"作为推动原则和创造原则的否定性"。依据这种"否定性"的辩证法，世界上一切事物都是辩证的、发展的，矛盾是事物发展的根本动力。任何事物都有自己合理存在的过程，但任何事物也都不是永恒的，都必定要为新的事物所取代。否定、创新和发展是辩证法的永恒主题。同时，我们还看到，黑格尔与以往的唯心主义哲学家，如古希腊哲学家柏拉图和亚里士多德，在对待"劳动"的观点上，大相径庭。黑格尔极力宣扬"劳动"，把"劳动"理解为人的自我产生的过程，而不像古希腊哲学家那样贬低劳动，视劳动为奴隶的专有活动。黑格尔对劳动的这一态度，尽管是以抽象的或唯心主义的方式体现出来，但他还是抓住了劳动的本质，对"人"的理解是深刻的。

费尔巴哈作为马克思主义以前最后一位伟大的唯物主义者，是近代形而上学唯物主义的主要代表人物。他对"人"的理解，成为马克思"现实的人"的思想来源，为唯物史观的创立提供了理论前提。1841年，费尔巴哈出版了《基督教的本质》一书，对基督教进行了批判，提出，不是上帝创造了人，恰恰相反，是人创造了上帝，上帝不过是人将自己最美好的理想投射于其中的对象而已。同时，费尔巴哈不满意黑格尔关于抽象的人、理性的人的思想，不满意他的唯心主义，并进一步试图探讨"观念"或"精神"背后的物质基础，把它们归结为现实的人和物质的存在，从而使唯物主义恢复了它应有的地位。费尔巴哈对以黑格尔为代表的唯心主义的勇敢挑战，犹如一剂清新剂，注入了年轻的马克思和恩格斯的头脑中。以致恩格斯毫不吝啬地赞誉道："那时大家都很兴奋：我们一时都成为费尔巴哈派了。"

但是，马克思、恩格斯的兴奋劲儿也只持续了很短的时间，因为他们很快发现，费尔巴哈只是一个伟大的"宣言家"和"理论家"，而不是一个真正的"实践家"，他的理论只是说说而已，并没有切中事物的要害。换言之，费尔巴哈在自然观领域是唯物主义者，但是当他一进入历史的领域，他就立刻"变脸"，成了一名地道的唯心主义者，他的唯物主义，也是一种"半截子"的。例如，他所反对的，仅仅是有神论的宗教，而并不是宗教本身。他认为，人类社会的基础，正是宗教，各个时代之所以不同，是由于不同的宗教决定的。这显然是赤裸裸的唯心主义。因为，宗教是一种意识形态，属于社会意识。费尔巴哈把社会意识看作人类社会的基础，不是唯心主义，又是什么呢？根据"宗教决定社会"的唯心主义立场，费尔巴哈进一步指出，要建立一个完善的社会，就得建立一种完善的宗教。当然，他所鼓吹的这种宗教，当然不再是基督教，而是"爱的宗教"。他认为，人们之间相互需要，相互友爱，这就是人，这就是社会。至此，我们涉及到了费尔巴哈对

"人"的理解问题。为反对黑格尔把人理解为"理性的人"、"精神的人",费尔巴哈把人理解为"感性对象",理解为"感性的人";与黑格尔过分强调主体(人)的精神性、能动性不同,费尔巴哈强调"感性的人"的有限性和被动性。这些思想在与唯心主义的"对抗"方面,显示出了它们的优越性。在费尔巴哈看来,只有以自然为基础的人才是"感性的人",才可以与主张"精神的人"的唯心主义划清界限。由此可见,费尔巴哈所要确立的"人",不过是以自然为基础的"自然人",这种完全依赖于自然界的"唯物主义"的人学思想,只看到了人对自然界的依赖性,自然界对人的基础性,却看不到人的能动性和创造性。所以说,费尔巴哈的唯物主义是形而上学的、片面的,缺少辩证法的精神,他的"自然人"或"感性的人"仍然只是一个抽象的人,而不是真正的现实的人。这样看来,马克思、恩格斯离开费尔巴哈是必然的,也是必须的。

除了对黑格尔辩证法和费尔巴哈的"人"学思想进行批判、改造和吸收以外,法国古典历史主义、英国古典政治经济学以及英、法空想社会主义学说等思想,也都成为马克思、恩格斯唯物史观产生的不可或缺的理论前提。通过对这些人类思想精华的汲取，马克思、恩格斯创立了唯物主义历史观。

二、唯物史观：社会存在决定社会意识

唯物史观的创立，是马克思和恩格斯共同努力的结果，但相对比较来说，马克思是第一位的，所以我们会称他们共同创立的学说为"马克思主义"。当然，这也与恩格斯伟大的谦虚品格分不开。恩格斯在马克思逝世后，曾多次怀念和赞扬马克思，并承认自己只能做"第二小提琴手"，马克思才是"出色的第一小提琴手"。对于马克思发现的唯物史观，恩格斯把它与达尔文发现物种起源和进化的规律相类比，给予极高的赞誉。由于这一发现，唯心主义从它最后的避难所——历史观中被驱逐出来了，社会历史理论被建立在唯物主义基础之上，从此才有了社会科学理论；由于这一发现，把唯物主义彻底贯彻到了社会历史领域，为理解意识与存在的统一提供了现实的理论基础，由此唯物主义才能成为完备的理论，哲学才能变成科学；由于这一发现，为政治经济学和社会主义学说奠定了科学的历史理论基础，才有可能揭开资本主义生产的秘密，从而创立剩余价值学说，同时使

社会主义由空想的理论变成科学的学说。

马克思在1859年对自己的理论和实践活动进行了总结，写成了《政治经济学批判》一书，并在该书的序言中，对唯物史观的基本观点作了系统的和扼要的说明——

"人们在自己生活的社会生产中发生一定的、必然的、不以他们的意志为转移的关系，即同他们的物质生产力的一定发展阶段相适合的生产关系。这些生产关系的总和构成社会的经济结构，即有法律的和政治的上层建筑竖立其上，并有一定的社会意识形式与之相适应的现实基础。物质生活的生产方式制约着整个社会生活、政治生活和精神生活的过程。不是人们的意识决定人们的存在，相反，是人们的社会存在决定人们的意识。社会的物质生产力发展到一定阶段，便同它们一直在其中运动的现存生产关系或财产关系（这只是生产关系的法律用语）发生矛盾。于是这些关系便由生产力的发展形式变成生产力的桎梏。那时社会革命的时代就到来了。随着经济基础的变更，全部庞大的上层建筑也或慢或快地发生变革。"

这段话是马克思对唯物史观的经典论述，它给出了唯物史观的最基本的观点：社会存在决定社会意识。正像恩格斯说的那样，这个原理的最初结论就给一切唯心主义，甚至最隐蔽的唯心主义"当头一棒"。唯物史观的历史意义在于，它强调社会存在或社会物质的基础性和根本性地位，换言之，它指出了人类社会发展中，生产力和生产关系的矛盾、经济基础和上层建筑的矛盾运动，才是社会发展的真正动力；并且生产力决定生产关系，经济基础决定上层建筑。从而给唯心主义"当头一棒"，人们终于可以不再像唯心主义者那样，将"上帝"、"英雄"等精神化身看作是历史的本质。人们终于拿到了解开"历史之谜"的钥匙。同时，作为拥有辩证法这一锐利武器的马克思主义，在强调社会存在的"决定作用"的同时，同样看到了问题的另一面，即社会意识对社会存在具有"反作用"，或者说社会意识具有相对独立性。这样，历史理论就不再像形而上学唯物主义那样，只强调自然界对人类社会的物质优先性，而看不到人对自然界的能动的改造作用；同时，也不再像唯心主义历史观那样，片面强调"精神"的能动作用而看不到自然界或物质的第一性和根本性地位。于是，历史理论终于成为科学的理论。

第二章　社会基本矛盾的根源

　　人类社会是怎样从茹毛饮血的原始状态发展到登上月球、遨游太空的今天？为什么一个个民族、国家此盛彼衰、此兴彼亡？为什么在奴隶制时期，一些人只能充当会说话的工具，而在资本主义时期，"自由、平等、博爱"又成了时髦的口号？如此等等，社会历史就仿佛是一座千回百转、烟云缭绕的迷宫。马克思以前，唯心史观把一切历史的变迁或者看作是伟大英雄人物创造的，或者看作是上帝、神等神秘力量决定的。这些说法显然都没有正确解释人类历史的发展，没有真正解开社会历史发展之谜。经过几千年的探索，只是到了19世纪40年代，马克思和恩格斯"在劳动发展史中找到了理解全部社会史的锁钥"，"劳动创造了人本身"，人类为了生存，必须要满足基本的物质生活需求，必须要进行劳动和生产，生产方式是社会历史发展的决定力量。从此，历史迷宫的大门终于被打开了，历史也变得不再神秘，历史是人的活动的历史。

第一节　生产方式：社会历史发展的决定力量

根据唯物主义历史观，社会存在决定社会意识。社会存在，也称为社会物质生活条件，是社会生活的物质方面，主要是指物质生活资料的生产及生产方式，也包括地理环境和人口因素。所谓生产方式，是人类向自然界谋取生活资料的方式，是生产力和生产关系的矛盾统一体。地理环境和人口因素是人类社会生存和发展的永恒的、必要的条件，它们对社会发展起着制约和影响的作用。然而，无论是地理环境还是人口因素，都不能脱离社会生产而单独发生作用。因此，对人类社会发展起决定作用的，决定社会的性质和社会形态的更替的，是物质资料的生产及生产方式。

一、生产方式的决定作用

人类社会的存在和发展，不是架构在纯粹"精神"的"空中楼阁"之上的，而是建立在一定的物质生活和生产之上的。物质资料的生产及生产方式是社会历史发展的决定力量。

首先，物质生产活动及生产方式是人类社会赖以存在和发展的基础，是人类其他一切活动的首要前提。在唯物史观的主要著作《德意志意识形态》中，马克思强调了物质资料的生产对于人类存在和发展的重要性和根本性。

在马克思看来，有生命的个人的存在，是全部人类历史的第一个前提，而人们为了能够"创造历史"，必须能够生活。而为了能够生活，首先就需要吃喝住穿以及其他一些东西。因此人类的第一个历史活动，就是生产满足这些需要的资料，即物质生活资料的生产。这是人们仅仅为了生存，就必须每日每时进行的历史活动，是一切历史的基本条件。也就是说，人们为了能够从事政治、科学、艺术等活动，即"创造历史"的活动，首先就需要食物、住房、衣服等生活资料。为了获得这些生活的必需品，就必须从事物质生产。这个基本的事实看起来如此简单，但要承认它却是要花费巨大勇气的。马克思以前，无论是唯心主义者，还是唯物主义者，或者出于维护统治阶级的愿望而视而不见，或者是想看清楚，却又因雾里看花，而不得结果。拿"哲学家"费尔巴哈来说，尽管他是唯物主义者，但他仍旧没能理解历史的真正本质，历史对他来说也是"一个感到不愉快的和可怕的领域"。针对费尔巴哈，马克思曾说，任何一个民族，如果停止劳动，不用说一年，就是几个星期也要灭亡；不但如此，马克思接着调侃道，就连"哲学家"本人的存在，也都成了问题。

其次，物质生产活动及生产方式，是人类区别于动物的根本标志。

还是在《德意志意识形态》中，马克思指出了人与动物的根本区别。在马克思看来，我们可以根据意识、宗教或随便别的什么来区别人和动物，但是一旦人开始生产自己的生活资料的时候，人本身就开始把自己和动物区别开来。换言之，真正把人与动物区别开来的第一个历史行动不在于人有思想，而在于人开始生产自己的生活资料、在于劳动。同时，马克思还指出，"人们用以生产自己的生活资料的方式，……是他们表现自己生活的一定方式、他们的一定的生活方式。个人怎样表现自己的生活，他们自己就是怎样。因此，他们是什么样的，这同他们的生产是一致的——既和他们生产什么一致，又和他们怎样生产一致"。从这个意义上说，人是什么，决定于人生产什么和怎样生产。一句话，人的本质体现在人的生产生活中。马克思把这种生产活动看作是实践的最主要的形式。因此可以说，实践是人的存在方式，实践构成了人之为人的深层根据，人的本质是在实践活动中自我生成、自我创造的。

再次，物质生产活动及生产方式决定着社会的结构、性质和面貌，制约着人们的经济生活、政治生活和精神生活等全部社会生活。

一个社会处在什么样的发展阶段上，它的社会制度、阶级结构以及政治、法律、道德、哲学等观点如何，人们的社会关系、生活方式怎样等，都是由物质生产活动及生产方式所决定的。以前，人们为了生存，为了满足基本的物质生活资料的需求，需要把大把的时间花在劳动和工作上面，国家实行每周休息一天的工作制度。从1995年开始，国家实行双休日制度，人们拥有了更多的属于自己的时间。进入21世纪，随着现代生产方式的变化，随着科学技术的迅猛发展，物质生产占人们全部的生活时间的比重大大下降，体力劳动和脑力劳动的比重发生了明显的变化，精神生活和政治生活在人们生活中的地位逐步上升。随着体力劳动的不断减少，人们的闲暇时间不断增多，人们越来越重视休闲生活，并通过休闲活动来获得精神生活的满足，实现生活质量和生活品味的提高。与此相应，休闲旅游、终生接受教育等新的生活方式正逐渐从"稀有"而转为"平常"，从"另类"而转为"时尚"，成为人们新的追求目标。

最后，物质生产活动及生产方式的变化发展，决定整个社会历史的变化发展，决定社会形态从低级向高级的更替和发展。

根据马克思主义的辩证法，一切事物都是处在不断地运动、变化和发展之中的，生产方式也不例外。由于构成生产方式的两个主要因素，即生产力和生产关系不断地处于矛盾运动之中，因而必然会引起整个社会制度的变革，引起全部社会结构和意识形态的改变；换言之，随着社会生产方式由量变转变为质变，人类社会也就由一种社会形态转变为另一种社会形态。人类社会的五种形态的依次更替，就是由生产方式所决定的。马克思在《哲学的贫困》一书中指出："社会关系和生产力密切相连。随着新的生产力的获得，人们改变自己的生产方式，随着生产方式即谋生方式的改变，人们也就会改变自己的一切社会关系。手推磨产生的是封建主的社会，蒸汽磨产生的是工业资本家的社会。"

二、地理环境的作用

地理环境是人类社会生存和发展的物质前提和必要条件，是社会生活和人类生活资料的物质来源，而且它作为劳动对象，不断地进入人们的物质生产领域。但它对历史发展不具有"决定"作用。

社会是广义的自然界的一部分，它的存在和发展，当然离不开周围的自然界，离不开地理环境条件。地理环境是指一定社会所处的自然条件的总和，是人类社会生存和发展的永恒的、必要的条件，是"人的无机的身体"；包括土壤、气候、山脉、河流、动植物、矿藏、海岸线等，这就是构成人们生活和活动基础的那一部分自然界。人类所需要的一切物品，归根到底都是周围的自然界即一定的地理环境提供的。但是自然界不会自动满足人的需要。人要凭借自己的体力和脑力、智慧和勇气，凭借畜力、风力、水力、电力，以及化学和原子的能量，凭借自己制造的生产工具，从自然界索取自己所需要的生活用品和生产用品。这就是社会和自然的物质交换过程，它体现了社会（人）和自然的相互关系。因此，地理环境不能不作用于人们的生产以至交换活动，从而对社会生活和社会发展发生影响。例如，我国幅员辽阔，大部分属温带、亚热带，气候宜人，矿藏丰富，黄河、长江源远流长，哺育着中华儿女。这些对中华民族的发展，都是极其有利的地理环境条件，中华民族之所以成为四大文明古国之一，与优越的地理环境是分不开的。在现代社会中，地理环境的作用越加明显。阿拉伯联合酋长国首都迪拜，赫然矗立着世界七星级帆船酒店，其富丽奢华程度，远甚于皇帝的宫殿。这与该国作为石油输出国，具有丰富的石油矿藏不无关系。而日本之所以成为原料加工国，也是与它国土面积狭小、资源匮乏等地理环境分不开的。

由此可见，地理环境的优劣通过对生产的影响，可加速或延缓社会的发展。但是，地理环境对社会发展不起决定作用。拿我国来说，几十年来，地理环境并没有多少变化，然而社会制度却由半殖民地半封建社会经过新民主主义，转变为社会主义，发生了翻天覆地的变化。由此可见，地理环境只是为人类社会的发展提供了必要的自然条件，但不是社会发展的决定力量。法国启蒙唯物主义者所主张的地理环境决定论，认为地理环境对社会的发展具有决定作用，决定社会的政治体制及人们的精神生活的观点，显然是错误的。

现今世界，地理环境对社会发展具有越来越大的制约作用。各国为了争夺稀缺资源而陷入武装冲突，使得环境与军事成为当今人类面临着的两大威胁。美国马克思主义者伍德指出，由于资本积累的天性驱使，资本主义无法避免生态遭到破坏。从世界各地不断涌现的能源危机、生态危机等各种"危机"中，可见一斑。这就为人类如何发展敲响了警钟。马克思早就说过，人是自然界的一部分，无论人类怎样发展，都不可能离开自然界而生存；自然界是人类生存的前提，是人类的无机的身体，人类需要不断地与自然界进行物质变换，不断地从自己的"无机的身体"中吸收养料，维持生存。所以，人类应当合理地调节人与自然之间的物质变换，在最无愧于和最适合人类本性的条件下进行这种物质变换。为此，人类在实践中，既要发挥主体的能动性，同时也必须自觉遵循自然规律，实现人与自然的和谐相处。

三、人口因素的作用

人口因素也是重要的社会物质生活条件，同样是社会发展的必要条件，它包括：人口数量、质量、构成、分布、密度、发展速度，等等，对社会发展起着制约和影响的作用。

恩格斯在《家庭、私有制和国家的起源》中，指出了人口因素对社会制度的影响作用。他指出，有两种生产，一方面是生活资料的生产，另一方面是人类自身的生产，即种的繁衍。基于人类社会这两种生产之上，恩格斯接着指出："一定历史时代和一定地区内的人们生活于其下的社会制度，受着两种生产的制约：一方面受劳动发展阶段的制约，另一方面受家庭发展阶段的制约。"这就是说，物质生产和人类自身的生产，对于各个历史时期的社会制度都起着制约作用，其中物质生产的制约作用是首要的。不过在不同的历史条件下，它们这种制约作用的程度是不一样的。劳动越不发展，社会制度就越在较大程度上受血族关系的支配，例如原始社会就是如此。但是，随着劳动生产力的日益发展，私有制、阶级出现了，国家也产生了，以血族团体为基础的氏族制度被炸毁了，人类进入了以私有制为基础的阶级社会。在这种社会中，家庭制度完全受所有制（生产关系）的支配，由此掀开了阶级对立和阶级斗争的帷幕。这表明，在原始社会，人口因素对社会发展所起的作用是巨大的。

进入阶级社会，人口因素对社会发展的影响作用虽不及原始社会程度大，但它对社会发展的作用，同样不可轻视。人既是生产者，又是消费者，人口状况如何，会对社会的发展起加速或延缓的作用。比如，就人口数量来说，如果一个国家或地区的人口数量适度，那么它就会与社会的生产及科学技术水平的提高相适应，就会对社会的发展起促进作用；反之，人口数量过多或过少，都会对社会生产造成不利影响。就人口质量来说，人口素质越高，就越能适应生产和科技进步的需要，就越能推动社会的发展。具体来说，时代不同，对人口数量、质量等人口状况的需求和要求就不一样。在生产力比较低下的情况下，物质生产的发展主要依靠劳动力的增加，这就需要有大量的人口，或者说需要大量的劳动力加入到生产大军中来；相反，如果人口数量少、密度小、增长慢，劳动力不足，就会对社会发展起消极的阻碍作用。所以，在我国建国初期，毛泽东根据当时落后的生产力，才会说出"人多力量大"这句名言。在当代，随着科技的进步，物质生产愈发需求高素质的劳动力。如果人口的数量、密度、增长速度适当，人口素质也较高，那么，就会对社会发展起积极的促进作用；反之，如果人口数量过多，密度过大，增长速度过快，都会对社会发展起消极的阻碍作用。

人口因素虽然对社会的存在和发展具有重要的意义，但它不具有"决定"的意义，我们要坚决反对"人口决定论"的错误思想。人口决定论最初由18世纪早期法国学者杜尔阁首先提出，他认为，人口多于财富，人口增长永远超过生活资料的增长，从而导致了资本主义相对过剩人口的出现，并将人口增长看作妨碍社会进步，给人类自身带来贫困和灾难的主要因素。到了18世纪中期，英国学者马尔萨斯进一步发扬了这种观点，将资本主义人口相对过剩的现象绝对化，臆造出生活资料按算术级数（1、2、3、4……）增长，人口按几何级数（1、2、4、8……）增长，生活资料增长的速度永远赶不上人口增长的"永恒的自然规律"。并且，马尔萨斯把这一规律看成是劳动人民失业、饥饿和贫穷的根本原因。显然，他是在为资本主义的对外侵略、资本主义国家工人的悲惨境地寻找一个堂皇的理由，为资产阶级的剥削作辩护。

第二节　社会意识：社会存在的"反射和反响"

一、社会存在对社会意识的决定作用

社会存在是社会生活的物质方面，它对社会生活的精神方面，即社会意识具有决定作用。马克思主义是唯物主义，物质决定精神，同时，马克思主义将"物质性"贯彻到社会历史领域，发现了唯物史观，得出社会存在决定社会意识的科学结论。

社会存在是社会意识的客观来源，社会意识是社会物质生活过程及其条件的主观反映。列宁说过，没有被反映者，就没有反映。人类的各种社会意识，如政治法律思想、科学理论、哲学、宗教、艺术、道德等，都是对社会存在的反映，都是在实践过程中，在从事物质生产和物质交往的过程中产生和发展的。例如，在蒲松龄的《聊斋志异》这本灵异小说中，对鬼神

有大量的描写，但无论怎样神奇和荒诞，都不过是对那个时代人们生活的反映，而没能超出那个时代，它里面的鬼神就没有电视可看，没有手机可用……

社会存在的变化发展决定社会意识的变化发展。社会存在是变化发展的，社会意识作为对社会存在的反映，也必然会出现变化。社会意识的这种变化，或者与社会存在的变化正相适应，或者早一些，或者迟一些，但无论如何，社会意识是不可能永远不变的。例如，原始社会公有制的生产方式反映在人们的头脑中，形成的是朴素的、原始的公有观念、集体观念，那时不可能产生私有观念、个人主义等。在阶级社会里，社会意识形式中的意识形态部分具有阶级性，如政治思想、法律思想、道德、哲学、艺术、宗教等，总是在不同程度上反映一定阶级的经济利益、政治利益，直接或间接地表达一定的阶级意志和愿望。马克思说过，统治阶级的思想在每一时代都是占统治地位的思想。占统治地位的思想不过是占统治地位的物质关系在观念上的表现，不过是以思想的形式表现出来的占统治地位的物质关系。再比如，我们国家在改革开放以后，人们的许多观念都发生了很大的改变和更新，以往的因循守旧的意识、闭关自守的意识、平均主义大锅饭的意识，不尊重知识和人才的意识等都受到了剧烈的冲击。与此同时，随着改革的深化，随着社会主义市场经济的确立和逐步完善，努力奋斗、刻苦成长的能力意识、竞争求存的生存意识、个性发展的自我意识、效率意识和开拓进取精神等大大加强。这说明，新的历史条件、新的社会存在变化了，社会意识也必然要变化和发展。社会意识是具体的，也是历史的。

总之，时代不同，社会意识也不同，每一时代的社会意识都会有它自己独特的内容和特点，具有不断进步的历史趋势，但其根源都深深埋藏于经济事实中，都是对社会存在的反映。

二、社会意识的相对独立性

社会意识，是社会生活的精神方面，是指人们对社会存在，即社会物质生产及其过程的反映，包括各种社会意识形式和社会心理。其中，在社会意识形式当中，主要包括各种社会意识形态，如哲学、宗教、道德、艺术及政治法律思想等，它们都是对社会存在的"反射和反响"，正如马克思所说："我们的出发点是从事实际活动的人，而且从他们的现实生活过程中还可以描绘出这一生活过程在意识形态上的反射和反响的发展。"社会意识作为对社会存在的反映，具有相对独立性。

首先，社会意识与社会存在发展具有不平衡性。这种不平衡性包括两个方面的内容。

一是，社会意识同社会存在、经济发展的水平不一致：社会存在优越，经济发达的国家，其社会意识不一定是先进的；相反，社会存在落后，经济不发达的国家，其社会意识倒可能是先进的，有时会成为"一种规范和高不可及的范本"。

例如，马克思曾以艺术为例，指出物质生产的发展同艺术发展的不平衡关系。他说："关于艺术，大家知道，它的繁盛时期绝不是同社会的一般发展成比例的，因而绝不是由仿佛是社会组织的骨骼的物质基础的一般发展成比例的。例如，拿希腊人或莎士比亚同现代人相比。"在马克思看来，无论是古希腊的神话和史诗，如荷马史诗，还是文艺复兴时期，英国莎士比亚的诗歌，意大利达·芬奇、米开朗基罗、拉斐尔的绘画等，都与它们自身所处的社会存在或者说经济发展状况不一致。无论是古希腊，还是文艺复兴时期的英国、意大利，就社会发展水平来说，与现代社会相比，只能说是天壤之别。但让人不可思议的是，他们却创造出了令今天的人类也无法企及的辉煌。当然，这种不可思议，也是可思议的。马克思认为，这种艺术与它在其中生长的那个不发达的社会阶段并不矛盾，相反，它同样是这个社会阶段的结果。也许正因为那个时代的社会条件不成熟，生产力低下，人们的感官没有被更多的"物"所累，人们也才会有更多的时间和精力，集中于艺术创造。因为各种艺术形式，无论是诗，还是绘画、雕塑、建筑等，都是凭借感官，对自然进行的一种"模仿"。文艺复兴时期意大利的历史学家、哲学家维柯指出，儿童们都特别擅长模仿，诗和各种艺术都只是对自然的模仿。马克思曾说过，希腊是"正常的儿童"。这样看来，希腊作为"儿童"，擅长于"模仿"的艺术，是完全可以理解的，艺术的发展与当时经济的发展是不平衡的。

另外，社会意识与社会存在发展具有不完全同步性。社会意识有时候落后于社会存在并阻碍其发展，有时候又可能预见到社会的未来发展趋势，推动社会的发展。但是，根据马克思主义，社会意识的这两种独立性表现都是相对的，因为，旧的思想和理论不可能在其物质基础消灭后长久存在下去，新的思想理论也只能是在社会发展已经具备了提出新的任务的条件下才能产生。例如，当物质资料生产方式已经进到以公有制为主体，多种经济成分和分配形式并存的社会主义时期，封建社会的意识也会接着变化和跟进，虽然这种变化可能是缓慢的，甚至可能是艰难的，但它一定会发生变化，为我们所改造和吸收，从而适应新的社会需求，而不可能长久地原封不动地存在下去。

其次，社会意识内部各种形式之间相互影响，并且各自具有历史继承性。

各种社会意识形式，都是从各自的角度，对社会生活进行不同的反映。但因为都是以社会存在、经济发展为基础，反映的对象也都是同一个社会的生活整体，这就使得各种社会意识形式之间，不是僵死的、隔离的，而必然会产生相互影响、相互渗透、相互补充和相互作用。同时，社会意识诸形式均有自成系统、前后相继的历史链条，因而具有历史继承性。这些都是社会意识相对独立性的表现。

以艺术和宗教为例，二者相互影响，并曾有过完美的结合。在中世纪、文艺复兴时期的社会中，艺术作品都有宗教意义和宗教目的，例如，无论是绘画作品，还是雕刻作品，多数都以描绘圣经故事或者圣徒的故事为主要内容，如达·芬奇的《最后的晚餐》就是按圣经故事来创作的。描绘的是：犹大向官府告密，基督在即将被捕前，与十二门徒共进晚餐，席间基督镇定地说出了有人出卖他的消息。达·芬奇此作，就是基督说出这一句话时的情景。画家通过各种手法，生动地刻画了基督的沉静、安详，以及十二门徒各自不同的姿态、表情。再比如，道德与政治也是相互影响的。柏拉图主张，道德决定政治。当然，他的道德准则，是严格的政治实用主义，道德是为国家利益服务的，道德不过是政治的保健术而已。法律和道德同样相互影响。社会主义市场经济的发展既需要法律意识、规则意识，以此规范市场交易的基本原则和秩序，减少交易成本；同时，也需要道德意识、诚信意识，为经济增长提供持久的动力和效益。因为成熟的市场经济内含了诚实、信誉、公平、互惠、互利等道德元素。人们都比较相信老字号产品，就是最好的佐证。因为老字号产品就是对产品质量和信誉的一种道德承诺，因而它能够吸引稳定的消费群体，并切实为经济主体带来实际的经济效益，是企业的无形资产和财富。

社会意识的发展同样具有历史继承性。恩格斯对马克思主义的社会主义学说有一个评价,在恩格斯看来,它起初表现为18世纪法国伟大启蒙学者所提出的各种原则的进一步的、似乎更彻底的发展。和任何新的学说一样,社会主义学说必须首先从已有的思想材料出发,虽然它的根源深藏在经济事实中。这就是说,每一历史时期的社会意识同它以前的思想成果、思想资源有着一定的继承关系,任何事物的发展都不可能凭空产生,"无中生有"。古为今用、推陈出新,就是对这种真实的历史继承关系的概括和写照。

就社会主义的"人权"来说,它是逐步发展的,不是某一天像苹果落地一样,突然从天上掉下来的。也就是说,社会主义的人权思想与以往的人权思想有着不可分割的联系,具有历史继承性。在原始社会里,生产力水平低下,人类难以维持温饱,因而在部族战争中所产生的战俘都被杀掉了,有的甚至被吃掉了。因而,在原始社会,并不存在人权的观念。随着生产力的发展,社会出现了剩余产品,人们也发现保留战俘、强制其劳动是有利可图的,于是战俘逐渐转化为奴隶。从战俘到奴隶是一次历史的进步,它说明人的生存权已被提到历史的日程，人权问题也从此成为社会意识中的话题。人权观念是随着阶级社会的发生、发展而不断深化的。在奴隶制社会里奴隶主惨无人道，只把奴隶当成会说话的工具，可以随意打骂、出卖、体罚，甚至处死，奴隶们几乎没有任何人权可言。但在奴隶社会后期，社会意识中出现了"仁"的观念，夏桀、商纣、周平王一类的暴君奴隶主已受到社会的谴责，奴隶制社会也逐渐为封建社会所代替。在封建社会里劳动人民（农民）已经有了一定的人身自由，但由于农民无地或少地，终身被束缚在封建地主阶级的庄园里，于是"均田地"、"等富贵"成为农民阶级的斗争口号。随着大机器生产的发生、发展，新兴资产阶级响亮地提出了"自由、平等、博爱"等口号，摧毁了封建主义的等级制，实现了人权的解放。资产阶级虽然打着人权的旗帜推翻了封建等级制，但随着资本主义的发展，工人越加受到资本家的剥削，工人所具有的自由，只有一个，那就是依靠出卖劳动力为生的自由。资产阶级的人权理论暴露出其虚伪性。在马克思看来，人权，归根到底是劳动人民当家作主的权利，是人自由而全面发展的权利。这在资本主义私有制的历史条件下是根本无法实现的。只有推翻资产阶级专政，建立无产阶级专政，工人阶级和广大劳动人民群众当家作主的权利才会得到保证。由此可见，人权思想是在不断地进步的，社会主义人权思想是对以往人权思想的批判、继承和发展。

历史上的无数事实证明，社会意识是前后相继的具体的历史现象，任何一种社会意识都与先前这方面的思想成果有着继承关系。在21世纪的今天，现代儿童教育还把有着悠久历史的《三字经》，作为儿童道德教育的启蒙读本。其中，古代的一些故事，如"黄香温席"、"孔融让梨"的故事，一直为人们津津乐道。这些都表明了社会意识具有历史继承性。

最后，社会意识对社会存在具有能动的反作用。这是社会意识相对独立性最突出的表现。

社会意识之所以能够对社会存在具有反作用，其原因有二：其一，不管是错误的、还是正确的社会意识，都有它的"客观原型"，归根到底，都是对生产方式和社会生活的状况、矛盾以及矛盾各方面的趋势和要求的反映，因而它必然具有满足这些要求、推动这些趋势的内在要素和作用。其二，社会意识作为一种精神力量，它对人类的社会生活和生产具有指导作用，在一定的条件下能够转化为物质力量。不对社会生活有任何指导意义的社会意识是不可能产生的，这是人类的活动与动物的本能活动的不同之处。正如马克思所言："批判的武器当然不能代替武器的批判，物质力量只能用物质力量来摧毁；但是理论一经掌握，群众也会变成物质力量。"所谓"批判的武器"，就是指理论意识，理论意识一经掌握群众就会变成物质力量。因而列宁也说，没有革命的理论，就不会有革命的行动。这些都是对社会意识所具有的反作用的有力说明。这种反作用，是社会意识相对独立性的突出表现。甚至有时候社会意识的反作用是十分巨大的。如果没有马克思主义这种先进理论的指导，我们国家恐怕就很难及时地、顺利地建立社会主义新中国。

对社会意识的反作用，还要作质和量两方面的分析。从质上说，社会意识在性质上有先进和落后之分。先进的社会意识反映了社会发展的客观规律，对社会发展起着积极的促进作用；落后性质的社会意识不符合社会发展规律，对社会发展起着阻碍作用。例如，诚信与失信是两种性质相反的社会意识，它们对社会存在的作用也根本不同。在市场经济活动中，诚信是黄金规则，信用机制是市场经济有序发展的基础，市场经济越发达，就越要求诚实守信，诚信是企业在市场经济中存在和发展的通行证，是一种经营准则。相反，如果某一企业不具有诚信原则，而是失信于消费者，那么，等待这个企业的只有破产的命运。从量上说，社会意识反作用的发挥，有程度深浅、范围大小、时间久暂等区别。只有广泛地、深入地被人们接受的意识，才能最终形成具有长久影响力的社会意识。反之，某些偶然的、个别的社会意识，则不会对人们产生长久或重要的影响。换言之，社会意识对社会存在反作用的大小，要由它实际掌握群众的深度和广度来决定。马克思说过，理论只要彻底，就能说服人，就能被群众所掌握。所谓彻底的理论，就是以"人"为根本的理论，就是为人类谋幸福的理论，就是为人类解放服务的理论。马克思主义就是这样一种"彻底的理论"，一种先进的和科学的理论。总之，相对于社会存在来说，社会意识的反作用毕竟是第二位的。

第三章　社会基本矛盾的内容

社会基本矛盾理论是马克思主义唯物史观的主要内容，是对社会历史发展规律的科学概括和总结。它包括两个"基本规律"，一个是生产力与生产关系的矛盾运动规律；另一个是经济基础与上层建筑矛盾运动的规律。

1859年，马克思在《〈政治经济学批判〉序言》中，首次提出社会基本矛盾理论。马克思指出，社会的物质生产力发展到一定阶段，便同自己的生产关系发生矛盾。于是这些生产关系便由先前的适合生产力的发展形式，变成阻碍生产力的发展形式。于是，生产关系也必然要随着生产力的变化而发生变化。生产关系构成经济基础。随着经济基础的变更，全部庞大的上层建筑也或慢或快地发生变革。这时社会革命的时代就到来了，社会形态就要发生根本性的变化。这表明，生产力与生产关系、经济基础与上层建筑之间的矛盾，是人类社会的基本矛盾，是推动社会发展的根本动力。

第一节　生产力与生产关系的矛盾运动

一、生产力

（一）生产力的主要内容

人类要生存繁衍，要追求美好的生活，要获得自身的解放，就必须解决衣食住行等物质生活资料问题。因此，生产满足这些需要的物质资料的活动，就成为人类的第一个历史活动，也是最根本的活动。它体现了人类改造自然、征服自然的能力。这也就涉及到了生产力问题。

生产力，是现实生产过程中各要素相互作用形成的物质力量，是人类改造和影响自然、以使自然适合社会需要的物质力量。"生产力"是一个含义精确的科学概念，由"生产"和"力"两个词构成。"生产"表明了现时的生产过程、生产活动，"力"表明了生产过程中诸要素相互作用形成的物质力量。马克思在《德意志意识形态》和《资本论》两部著作中，对社会基本矛盾理论进行了广泛而深入的探讨。在《德意志意识形态》中，对唯物史观的探讨，就是从物质资料的生产，从生产力问题出发的。在马克思看来，为满足人类物质生活资料的需要而进行的生产，是人类的基本生存活动，并对人类社会的存在和发展起到基础和决定的作用。社会基本矛盾理论作为唯物史观最主要的内容，与后者紧密相连，不可分割。

生产力具有复杂的系统结构。其基本要素包括三个方面：劳动资料，也称劳动手段；劳动对象；劳动者。其中，劳动资料和劳动对象构成生产资料，是生产力中的"物的要素"；劳动者是生产力中的"人的要素"，它们构成生产力中的"硬件"，与科学技术作为生产力中的"软件"相对。

劳动资料，也称劳动手段，是人们在劳动过程中所运用的物质资料或物质条件，其中最重要的是生产工具。古人说得好，工欲善其事，必先利其器。这里的"器"，指的就是工具，是人们改造自然、生产满足人类所需资料的有利武器，也是劳动者发挥自己力量的必要手段。因此，人类在改造自然，使劳动对象发生预定的变化的能力到底如何，主要取决于生产工具的质量。在古代，生产力极其低下，人们没有先进的生产工具，能使用铁具，并用牛、马等牲畜耕地，在他们看来，就是一种先进的生产力。相反，在现代高科技时代，农民可以实现机械化种田，粮食增产丰收，甚至可以坐在家里，只需要电脑上网，就可以把粮食远销海外。机械与电脑，成为现代人们的生产力。没有机器的广泛应用，就没有资本主义，就没有资本主义高度发达的生产力。因此，马克思会把机器称作生产剩余价值的手段。在一定意义上，各种生产工具都是人体自然器官的延长。比如，望远镜是眼睛的延长，计算机是人脑的延长，飞机是双臂的延长，机器人是人体各种器官的综合延长，等等。人通过工具延长了自己身体的某些器官，强化并扩大了人类的力量，大大加强了人同自然界斗争的能力。

同时，生产工具也是区分社会经济时代的客观依据。在马克思看来，各种经济时代的区别，不在于生产什么，而在于怎样生产，用什么劳动资料生产。也就是说，使用什么样的工具生产，这反映和体现了人类改造自然能力的大小。所以，生产工具不仅是社会生产力发展水平的测量器，而且也是赖以从事劳动的社会关系的指示器：石器产生的是原始社会，青铜器、铁器产生的是奴隶社会，手推磨产生的是封建社会，蒸汽磨产生的是自由资本主义社会。

劳动对象是人们在劳动过程中面对和改造的自然物。它包括两部分：天然存在的劳动对象和以前劳动加工过的劳动对象。前者指的是被人利用而进入生产中的那部分自然物，如在砍伐中的山上树木，在开采中的地下矿石等；后者指的是生产原料，如工业中的钢材、棉花，农业中的种子，建筑中的木板、砖瓦，等等，它们本身已经是劳动产品。一切自然物都是可能的劳动对象，这就是说，随着科学技术的进步和生产力水平的提高，人们的智力水平和实践水平也在不断提高，因此，我们相信，一切自然物都会逐步纳入到人们的实践中来，成为现实的劳动对象。劳动对象是生产力中不可缺少的要素，是现实生产的必要前提，它从一个侧面反映和体现了生产力的发展水平。劳动对象不同，往往会影响劳动产品的质量和数量。例如，两个资本家A和B，开采含金量不同的金矿，冶炼黄金，其中资本家A所开采的矿石含金量特别高，而资本家B所开采出来的矿石含金量却非常低。由于两个资本家所面对的金矿石（劳动资料）的质量不同，在投入相同资本的前提下，他们所生产出来的黄金在量上相差无疑是巨大的。可以设想，等待这两个资本家的，将会是不同的命运——A会赚得盆满钵满，B会关门倒闭破产。

劳动资料和劳动对象，构成了生产力中物的要素。但仅有物的要素还不能构成生产力，物的要素必须为人所掌握和使用，才能成为现实的生产力。这就涉及到生产力中人的要素，即劳动者。劳动者是具有一定生产经验、劳动技能和知识，能够运用一定劳动资料作用于劳动对象、从事生产实践活动的人，包括脑力劳动者和体力劳动者。由此可见，并不是所有的人都是劳动者，没有与劳动相应的智能和体力，不能从事实践活动的人，就不是劳动者。劳动者是生产力中最活跃的、起主导作用的因素，是生产力系统中的主体，对生产力起主要的决定作用。因为劳动者是生产工具的创造者和使用者，生产工具不过是人的肢体的延长，即使是先进的设备，没有人去掌握和发动，也是一堆废物，毫无用武之地。因此，作为生产资料的劳动资料和劳动对象，只有与劳动者的创造活动结合起来，才能获得自身的生产力意义，才能变为现实的生产力。所以，人才资源是第一资源。人类智慧和能力的发展，决定着对物质资源开发的深度和广度。在现代生产中，脑力劳动者的质量和数量越来越具有决定性的意义；在高新技术领域内，脑力劳动和体力劳动具有直接同一的趋势，这就是说，在这些领域，工作压力和强度都大，如果没有高智能头脑和健康的体魄，是难以胜任工作需要的。

生产力具有客观现实性和社会历史性。所谓客观现实性，是指劳动者在从事物质生产实践的过程中，所面对和使用的劳动资料和劳动对象都是现实的、客观的，换言之，劳动者（实践主体）只能在一定的客观条件下进行物质生产，受客观条件的制约。在《德意志意识形态》中，马克思说："历史的每一阶段都遇到一定的物质结果，一定的生产力总和，人对自然以及个人之间历史地形成的关系，都遇到前一代传给后一代的大量生产力、资金和环境，尽管一方面这些生产力、资金和环境为新的一代所改变，但另一方面，它们也预先规定新的一代本身的生活条件，使它得到一定的发展和具有特殊的性质。"马克思的这段话既说明了生产力的客观现实性，同样也体现了生产力的社会历史性。生产力是生产方式中最革命、最活跃的因素，它总是处在不断地变化和发展之中，是历史性的、变动性的存在。资本主义机器大工业的出现，机器代替技工，取代了封建社会的行会制度，极大地提高了劳动生产率。但是，任何先进机器的发明，都是通过对先前的劳动工具的改造和吸收而实现的，不存在没有任何"历史"的东西。因而，现实生产中，要想使生产力不断获得解放和发展，就必须及时把握生产力的水平、性质、状况和发展要求等重要方面，从而促进生产力的不断前进。

（二）生产力中的科学技术因素

生产力中还包括科学技术，科学技术是生产力中的"软件"。马克思主义一贯重视科学技术在生产力中的地位和作用。100多年前，马克思根据19世纪科学技术的发展，分析了近代资本主义工业生产和科学的关系，最早明确提出自然科学具有生产力的属性，提出"生产力中也包括科学"的思想。在《政治经济学大纲》中也指出，一般社会知识正在变成一种直接的生产力。毛泽东在领导社会主义建设的过程中认识到了科学技术的重要性，在1963年指出，科学技术这一仗一定要打，而且必须打好；不搞科学技术，生产力就无法提高。1988年，邓小平总结了第二次世界大战以来特别是20世纪七八十年代以来世界经济和科学技术发生的巨大变化，鲜明地提出了"科学技术是第一生产力"的著名论断。

　　科学技术上的发明创造，能够引起劳动资料、劳动对象和劳动者素质的深刻变革和巨大进步。科技发展使生产过程自动化程度提高，使劳动者的智能迅速提高，大大地改变了体力劳动和脑力劳动的比例，使劳动力的结构向着智能化趋势发展。这就使得当代的人们不断地充实自己，提高自己的智力水平，以适应高科技的、充满竞争的社会。将科学应用于生产的组织和管理，能够大幅度提高管理效率。由此可见，"科学"不应单指自然科学，它同样包括社会科学。邓小平指出，科学是生产力，既包括自然科学，也包括社会科学。国内外许多著名大学都设立了工商管理硕士学位，即MBA，就是为满足社会对管理人才的需求作出的应对。同时，科学技术为劳动者所掌握，必将极大提高劳动生产率。

　　在现代，科学、技术、生产的一体化，使科学技术成为社会生产中的决定性因素。科学是从生产中产生的。然而，它一经产生，就反过来影响生产，从而成为"一种在历史上起推动作用的、革命的力量"。科学的作用，从根本上说，是通过它向生产力的转化实现的。科学技术发展日新月异，应用于生产过程的周期日趋缩短，对于生产发展的作用越来越大。例如，蒸汽机从1680年发明，到1780年才正式试用，经历了100年的漫长时间；而19世纪，从发展到投产的节奏加快，电话经历了56年（1820—1876年）；电子管经历了31年（1884—1915年）；汽车经历了27年（1868—1895年）。进入20世纪，从发明到投产的时间越来越短，电视机经历了12年（1922—1934年）；晶体管经历了5年（1948—1953年）；原子能利用从发现原子核裂变到第一台原子反应堆只有3年（1939年—1942年）；激光从实验室发明到工业应用仅用了1年。而进入21世纪，计算机每一代新产品的问世仅仅相继几个月，甚至更短的时间。所以说，科学技术是先进生产力的集中体现和主要标志，是第一生产力。

二、生产关系

在生产过程中，人们除了同自然发生关系外，彼此间也发生一定的关系，这种关系就是生产关系。马克思指出："人们在生产中不仅仅影响自然界，而且也相互影响。他们只有以一定的方式共同活动和互相交换其活动，才能进行生产。为了进行生产，人们相互之间便发生一定的联系和关系；只有在这些社会联系和社会关系的范围内，才会有他们对自然界的影响，才会有生产。"

但有人会反问，没有"这些社会联系和社会关系"，难道就不能进行"生产"，不能生活了吗？鲁滨孙生活在孤岛上，不也照样生产了自己所需要的生活资料，活下来了吗？少年派在大海上漂流200多天，依靠智慧，不也活着上岸了吗？

按照丹尼尔·笛福的《鲁滨孙漂流记》的描述，他手中有社会为他提供的枪支，有人们留给他的火药，有从破船上找到的装有刀子、斧子、钉子等各种工具的小箱子。这些都是别人的劳动产品。有了这些，他才能对付野兽，猎取食物，驱走、击毙吃人的生番，砍伐树木，盖起房屋。后来，他已经不是一个人了，而且有了自己的仆人——当地土人"星期五"。他们一起在荒岛上播种庄稼，驯养家畜，战胜大自然和其他外来的威胁。所以，小说中的主人公绝不是与社会完全隔绝的人。

再来看看李安导演的《少年派的奇幻漂流》的主人公派的故事吧。主人公帕特尔的父亲经营着一个动物园，使得他从小就很了解动物的习性。因为"帕特尔"与"π"（派）音似，小时候同学们都叫他"派"，所以帕特尔也就顺其自然地称自己为"派"了。在派16岁时举家迁往加拿大，与他们同船的还有父亲准备卖掉的动物园里的一些动物。然而货船中途沉没，派的家人全部遇难。他侥幸与理查德·帕克（一只孟加拉虎）生存于救生艇之中。于是他俩开始了在海上漂泊227天的历程。当然，对派来说，首先最关键的是，如何才能不被老虎吃掉，同时要做的是，怎样抗击大自然的侵袭，战胜饥饿、孤独，继续顽强地生活下去，直至得救。显然，派并不是孤独一个人，他还有理查德·帕克陪伴身边，即便它是一只老虎，但在这只虎身上，也有人的影子。如果没有这只给派带来许多麻烦的老虎，不知他还能不能坚持到最后得救。这是人与虎斗智斗勇寻求平衡的共处。同时，救生艇上装有许多食物和淡水，这些都是劳动产品，并且足够派和老虎生活一段时间了。他用船上能找到的简单的工具，终于驯服了老虎。并且派还自制鱼叉用来捕鱼，进行"生产"，使自己和老虎在"弹尽粮绝"的情况下，不至于饿死……最后终于抵达墨西哥湾获救。人与虎从此不再见面。

无论是鲁滨孙，还是少年派，他们都不是孤独一个人、与世隔绝的，他们的生活离不开一定的生产关系。并且两者有极大的相似之处。前者在岛上播种庄稼，驯养家畜，战胜大自然和其他外来的威胁，有"星期五"陪伴；后者于孤船上与虎为伴，驯服老虎，捕鱼给食，最终得救。小说和影片中的人物要想在恶境下求得生存，尚且离不开与"社会"的联系，现实中的人们，要想获得生活资料，就不能不结成一定的关系进行生产。生产在任何时候和任何条件下，都是社会的生产。生产中结成的人与人之间的关系，就是生产关系。

所谓生产关系，是人们在物质生产过程中形成的不以人的意志为转移的经济关系。生产关系是一个复杂的多层次的社会有机体。按照通常的理解，生产关系有狭义和广义之分。具体来说，狭义的生产关系是指人们在直接生产过程中结成的相互关系，包括生产资料所有制关系、生产中人与人的关系和产品分配关系。广义的生产关系是指人们在再生产的过程中结成的相互关系，包括生产、分配、交换和消费等诸多关系在内的生产关系体系。离开了生产或生产力，就不会有生产关系；既然生产或生产力是人类得以生存和发展的根本，所以在此基础上形成的生产关系或经济关系，也成为所有社会关系当中最基本的关系；其他各种社会关系，如政治关系、家庭关系、宗教关系、民族关系等，都受生产关系的支配和制约。

在生产关系中，生产资料的所有制关系是最基本的，它是人们进行物质资料生产的前提，生产、分配、交换和消费关系在很大程度上是由这种前提决定的，所以是最基本的、具有决定意义的方面。

所谓生产资料所有制关系，是指生产资料归谁所有、由谁支配的关系。它是在人对物的关系上表现出来的人和人的社会关系。它表明了人、社会集团对生产资料的地位，即生产资料归谁所有和由谁支配。它是劳动者与生产资料结合的方式，决定着生产过程中人们的地位和相互关系。例如，在原始社会的公有制中，生产资料归氏族全体成员公有，人与人之间的关系是平等的、互助合作的关系；在生产资料私有制的社会中，占有生产资料阶级总是处在支配、监督的地位，不占有生产资料的劳动者阶级则总是处在被支配、被奴役的地位，他们之间的关系就是统治与被统治、奴役和被奴役的关系。在奴隶社会、封建社会和资本主义三种私有制社会中，奴隶主阶级、地主阶级和资本家阶级占有生产资料，因而居于统治地位，而与之相对的奴隶、雇农和无产阶级，则只能被剥削和被奴役了。

同时，生产资料所有制和由它所决定的人们在生产中的地位及相互关系，又共同决定着产品的分配形式。在原始社会，生产资料公有制和人们之间的平等互助关系，决定了平均分配产品的形式；在生产资料私有制社会中，生产资料为剥削阶级占有，人们之间是统治与被统治，剥削与被剥削的关系，这就决定了各种劳者不获，获者不劳的剥削制的分配形式。在社会主义，生产资料归劳动人民所有，产品也就归劳动者所有，"各尽所能，按劳分配"。当然，生产过程由生产（直接生产）、交换、分配、消费等环节构成，生产关系也就体现为直接生产关系、交换关系、分配关系、消费关系等方面，其中"生产"这一环节是居于主导地位的。不生产出产品来，其他都谈不上。在马克思看来，无论是交换、消费，还是分配，都不能起支配作用。因此，在整个生产关系中，直接生产关系也就处于主导的、决定的地位，而直接生产关系本质上就是人们对生产资料的占有关系。由此可见，在生产关系的多种因素中，生产资料所有制是最基本的。

生产资料的所有制关系，同时也是区分不同生产方式、判定社会经济结构性质的客观依据。生产方式是生产力与生产关系的统一，它的性质就是由生产关系中的生产资料所有制来决定的。资本主义社会，生产资料被资本家占有，实行生产资料私有制，这就形成了资本主义的生产方式，即资本家为追求剩余价值和资本积累的生产方式。既然生产资料的所有制关系，决定生产方式的性质，而生产方式的性质决定社会经济结构、社会形态（在前面我们已经讲过），所以，生产资料的所有制关系就成了判定社会经济结构的根本因素。所谓经济结构，是指多种生产关系的总和，也就是通常所说的经济基础。由生产关系所构成的经济结构、经济基础决定着政治结构、观念结构等上层建筑。由此可见，生产资料的所有制关系，是生产关系中的最根本最重要的因素。

当然，生产关系的其他方面对生产资料所有制关系也具有重要的影响和制约作用，表现在当它们适应所有制性质的要求时，会对生产资料所有制起巩固、发展的作用，反之，就会对生产资料所有制起削弱、瓦解作用。以资本主义产品的分配形式——工资为例，在资本主义发展初期，即机器大工业时期，为了榨取更多的剩余价值，加速资本积累，获得更大的利润，资本家一方面延长工人的劳动时间或者增大工人的劳动强度，另一方面却又只给工人以维持生活最低水平的工资，对工人进行残酷的剥削，并最终导致工人起来反抗。工人们捣毁机器、烧毁工厂，并提出改善劳动条件、提高工资、缩短劳动时间等要求。这对资本主义生产关系造成了一定的破坏和影响。在当代资本主义，生产关系有了一些改进，如采取缩短劳动时间，提高工人工资，增加福利待遇等措施，以缓解工人与资本家的紧张关系，经济出现了改善和发展，从而暂时巩固了资本主义生产关系。

如果说生产力所体现的是人与自然之间的关系，那么，生产关系所体现的就是人与人之间的关系，是人们在生产中所结成的关系。这种"关系"不是物，但是却同物结合着，并且作为物出现。例如，资本的直接表现形态是生产中物的要素，它在资本主义生产中表现为生产资料和劳动力两种形态，但它实质上是一种生产关系，并不是单纯的物。所以马克思说："资本不是物，而是一定的、社会的、属于一定历史社会形态的生产关系，后者体现在一个物上，并赋予这个物以独特的社会性质。"例如，"黑人就是黑人。只有在一定的关系下，他才成为奴隶。纺纱机是纺棉花的机器，只有在一定的关系下，它才成为资本。脱离了这种关系，它也就不是资本了，就像黄金本身并不是货币，砂糖并不是砂糖的价格一样。"这表明，分析生产关系必须透过"物"，看到"物"后面的人与人之间的关系。这才是事物的根本。

生产关系在历史发展中具有不同的类型。根据生产资料所有制的性质区分为两种基本类型。一种是以生产资料公有制为基础的生产关系，其根本特征是：生产资料为劳动者共同占有，人们在生产中处于平等地位，产品分配上不存在剥削。另一种是以生产资料私有制为基础的生产关系，其根本特征是：生产资料归少数非劳动者占有，劳动者占有很少或根本没有生产资料并在生产中处于被支配地位，人与人的关系包含剥削关系。除了上述两种基本类型外，还有劳动者自己占有生产资料的个体小生产的生产关系。但这种生产关系不能成为独立的经济形态，常作为占主导地位的经济形态的附庸形式。例如，无论在奴隶社会、封建社会、资本主义社会，还是在社会主义社会，这种个体小生产者的生产关系都始终存在，但只能作为占统治地位的私有制或公有制的补充而发挥作用。例如，我国现在仍处于社会主义初级阶段，与之相适应，我国现行的基本经济制度是，以公有制为主体，多种所有制经济共同发展。改革开放以来，我国的非公有制经济得到了迅猛发展，极大地促进了社会生产力的发展。如今，非公有制经济、私营经济已经成为经济增长的重要推动力，成为社会就业和再就业的主要渠道，成为国家财政收入的重要来源。拿就业这一点来说，资料显示，20世纪90年代以来个体私营企业平均每年净增500万至600万个工作岗位，占城镇新增就业岗位的3/4以上。2003年我国个体私营企业就业人数已达1.5亿多人，占非农就业人数近40%。由此可见，非公有制经济已经发展成为我国社会主义市场经济的重要组成部分。

生产关系作为一种物质交往关系，它同生产力一样，具有不以人的意志为转移的客观性和历史性。每一代人开始生产的时候，遇到的都是现成的生产力和生产关系，人们不能任意地选择生产关系；生产关系的变革，是由当时生产力的性质、水平和发展要求决定的，有其固有的运动规律，人们不能人为地改变或违抗它，不然只能受到规律的惩罚。同样，生产关系是在不断地发展的，一种生产关系往往可以在三种社会形态中分别以萌芽状态、成熟状态和残余状态而存在。例如，封建制度在奴隶社会萌芽，在封建社会成熟，在资本主义社会衰败。

三、生产力与生产关系的矛盾运动

生产力和生产关系是社会生产不可分割的两个方面，二者有机统一，构成社会的生产方式。生产方式体现着社会生产过程中的两重关系：生产力是人对自然的关系，是生产的物质内容；生产关系是生产中人与人之间的关系，是生产的社会形态。生产力和生产关系的相互作用或矛盾运动是：生产力决定生产关系；生产关系反作用于生产力。

第一，生产力决定生产关系。生产力是生产过程的内容，生产关系则是生产过程的形式。内容离不开形式，形式也离不开内容。作为形式的生产关系，只能在生产力的基础上产生，而不可能凭空任意产生，所以说，生产力是生产关系形成的前提和基础；同样，生产关系是生产力的发展形式，是适应生产力的发展要求而建立起来的。这就是生产力对生产关系具有决定作用的原因所在。也就是说，在二者的矛盾运动中，生产力是居支配地位、起决定作用的方面。具体表现如下：

首先，生产力的状况决定生产关系的性质。内容决定形式，有什么样的生产力，就会产生什么样的生产关系。历史上的各种生产关系都是适应一定的生产力发展需要而产生的。在使用简陋的石器工具的情况下，个人无力单独同自然界相抗衡，只能共同劳动，产生集体的原始公有制的生产关系。以金属工具为主的较为进步的生产力，导致了有限的剩余产品的出现，使剥削他人的劳动成为可能，出现了私有制，从而奴隶制生产关系得以产生。由于金属工具的改进，特别是冶铁技术的进步，农业和手工业的生产力得到了更大的发展，使以家庭为单位进行生产的农民，比集体劳动、没有人身自由的奴隶，能提供更高的劳动生产率，于是，封建制生产关系取代了奴隶制生产关系。由于生产力的继续发展，从使用手工工具逐步过渡到机器生产，是资本主义的生产关系最终战胜封建主义生产关系的标志。由此可见，生产力中的劳动资料（生产工具）是社会关系的"指示器"。生产力状况是生产关系形成的客观前提和物质基础。

其次，生产力的发展决定生产关系的变革。生产力是生产方式中最活跃、最革命的因素，它总是处在经常的、不断的变化发展之中。人类为了更好地生存和生活，就要不断地同自然界进行物质、能量的交换，不断地积累和增长生产经验和技能，并通过科学研究，不断提高劳动资料的科技含量，使其适应和提高改造自然的能力。生产力这种不断进步的趋势，就为生产关系的变革带来可能性和必然性。生产关系是生产力发展需要的产物，只有当它为生产力提供足够的发展空间时才能存在。所以，随着生产力的不断发展，原本适合生产力状况的生产关系，其为生产力的发展提供的空间会越来越小，也就是说，生产关系会由先前的适合逐渐向不适合的方向发展，或者说由新变旧，从而成为阻碍生产力发展的绊脚石。"为了不致失掉文明的果实，人们在他们的交往方式不再适合于既得的生产力时，就不得不改变他们继承下来的一切社会形式。"这就是说，当生产关系不再适应生产力的发展要求时，人们就要变革旧的生产关系，以适应生产力的发展要求。资本主义生产关系替代封建制生产关系就是历史的必然。这种变革，也许是在基本经济制度的性质不变的条件下对既有生产关系进行调整和改变，也许是根本变革旧的经济制度而建立起全新的生产关系。比如，我国所进行的经济体制改革就属于前一种情况。通过改革，去除束缚生产力发展的僵化形式，为生产力提供更加广阔的发展空间，促进生产力的发展。

第二，生产关系对生产力具有能动的反作用。生产力对生产关系固然有决定作用，但生产关系也不是消极的、被动的，它又反作用于生产力。不同的生产关系，提供了不同的生产目的。生产归根到底是为了满足社会和人的需要，需要是生产的直接目的。但并不是社会和人的需要在任何生产关系的条件下，都能构成生产的直接目的和发展生产的动机。例如，在资本主义社会，资本家有时会把大量的小麦烧掉，把牛奶倒入大海，而并不会顾及那些迫切需要这些生活资料的人们的需要。之所以如此，是因为资本家发展生产的目的，就是为了获得最大的利润，当某种产品不能给他带来利润时，他就不仅要停止生产，为了创造获得利润的条件，甚至不惜把产品毁掉。这种情况在经济危机时表现尤为突出。不同的生产方式有不同的生产目的和不同的经济运动规律。在社会主义社会，实行生产资料公有制，满足人民不断增长的物质和文化生活的需要，就成了生产的目的和推动生产力发展的原因。可以说，不论何种生产关系都使生产服从于自己的特殊目的。生产关系规定的社会生产的目的，成为发展生产的原因，对生产力的发展具有积极的和消极的影响。

具体表现在：当生产关系与生产力的发展要求相适合时，它对生产力的发展就会起到极大的推动作用；当生产关系与生产力的发展要求不相适合时，它就会阻碍甚至束缚生产力的发展。生产关系对生产力的反作用的实际过程和情形，是十分复杂的。一般来说，当一种新的生产关系出现时，由于作为新事物，它具有了适应新的生产力的结构和功能，所以总体上能够适应生产力的发展要求，促进生产力的发展。当然，生产关系包括多方面因素，是一个复杂的有机系统，所以，即便新的生产关系基本适合生产力的发展要求时，也并不排除它的某些环节或方面不适合生产力状况而对生产力起阻碍作用的可能。生产关系与生产力相比，是相对比较稳定的。但由于生产力的不稳定性和活跃性，总处在不断发展之中，这样，本来与之相适合的生产关系就会由新到旧，由适合到不适合，所以说，旧的生产关系总体上基本不适合生产力的发展。当然，"基本不适合"并不意味着一定完全不适合，并不意味着旧的生产关系必须完全抛弃，这就是说，可能通过对它的某些环节或方面的调整和改变，可以暂时地、局部地对生产力的发展有一定的促进作用。但是，如果生产关系成为生产力发展的桎梏和羁绊，则必须要对生产关系进行彻底的革命，以解放和发展生产力。正如毛泽东所说："当不变更生产关系，生产力就不能发展的时候，生产关系的变更就起了主要的决定作用。"但是，如果生产关系仍然对生产力具有一定的促进作用，却盲目地人为地"拔高"生产关系，使生产关系"超越"生产力的水平，这无疑会阻碍生产力的发展。新中国建立初期，国家实行大跃进和"农村人民公社化运动"，农民集体劳动，实行吃饭不要钱的供给制的分配制度，有的地方还要求农民都在食堂吃饭。这是在生产关系方面急于过渡的一次典型实践，具有浓厚的平均主义和军事共产主义色彩，严重脱离了中国农村的实际，并严重阻碍了中国农村生产力的发展。

总之，生产力与生产关系的相互作用是一个过程，表现为二者的矛盾运动。这种矛盾运动中最本质的方面，就是生产关系一定要适合生产力状况的规律，即生产力和生产关系的矛盾运动规律。这一规律就内容看，概括了生产力和生产关系相互作用的两个方面：一方面，生产力的状况决定一定的生产关系的产生及其变化发展的方向和形式；另一方面，生产关系反作用于生产力，当生产关系适合生产力的状况时对生产力发展起着促进作用，反之将起着阻碍作用。从过程上看，这一规律表现为生产关系对生产力总是从基本相适合到基本不相适合、再到基本相适合；与此相适应，生产关系也总是从相对稳定到新旧更替，再到相对稳定。人类社会的生产就是在生产力和生产关系的矛盾运动中发展的。所以说，生产力和生产关系的这种矛盾运动循环往复、不断推动社会生产发展，进而推动整个社会逐步走向高级阶段。

生产力和生产关系矛盾运动规律的原理，对现实具有重大的理论指导意义。首先，这一原理在人类思想史上彻底否定了唯心主义历史观对人类历史本质的错误理解，坚持用物质因素来解释人类社会的发展，第一次科学地确立了生产力发展是"社会进步的最高标准"。马克思明确指出，判定一个社会变革时代不能以该时代的意识为依据，相反，这个意识必须从社会生产力和生产关系之间的现存冲突中去解释。正是根据这一社会基本矛盾理论，马克思主义正确阐释了社会形态的演进过程及其历史正当性，为正确认识社会和历史提供了基本观点和方法。其次，生产力和生产关系矛盾运动规律，也是马克思主义政党制定路线、方针和政策的重要依据。作为马克思主义政党的中国共产党，自觉认识并把握这一规律，以经济建设为中心，积极投身改革开放和现代化建设，不断地修改、制定各种路线、方针和政策，不断推进理论创新、制度创新和科技创新，从而扫除生产力发展的各种障碍，促进生产力的发展，把中国特色的社会主义事业不断推向前进。

第二节　经济基础与上层建筑的矛盾运动

经济基础与上层建筑之间的矛盾运动规律，是人类社会发展的另一基本规律，它与生产力和生产关系的矛盾共同构成社会的基本矛盾。人类社会是一个复杂的有机体。社会生活现象是多方面的，有经济的、政治的、法律的、宗教的、道德的，还有家庭的、阶级的、民族的，等等。这些现象不是孤立的、互不联系的，社会也绝不是这些现象不分主次地机械地结合，而是这些现象有机地联系在一起的完整的社会体系。这就需要运用马克思主义的辩证法，从这些纷繁复杂的现象和关系中，分辨出哪些是主要的，哪些是次要的，哪些是决定的，哪些是被决定的，才能揭示出各种社会现象之间的内在联系，才能科学地说明社会的结构和发展，从而正确地认识社会机体。

马克思、恩格斯的伟大贡献之一，就是创立了唯物史观，把唯物主义贯彻到社会历史领域。他们从社会生活的各种领域划分出经济领域，从一切社会关系中划分出生产关系，并把它当作决定其余一切关系的基本的原始的关系。这就是说，在各种社会关系中，经济关系即生产关系是最主要的、最基本的，其他一切关系，归根到底都是生产关系决定的。建立在一定的生产力基础上的生产关系，有如社会机体的骨骼，其他关系有如包裹在骨骼上面的血与肉。这种建立在一定的生产力基础上的生产关系，构成该社会的经济基础。在这个经济基础之上，形成一定的思想观点（意识形态）以及按照这些思想观点建立起来的组织和设施，构成该社会的上层建筑。马克思将社会比作一座"大厦"，地基是经济基础，在此之上，竖立着两层上层建筑。

一、经济基础

所谓经济基础，是指由社会一定发展阶段的生产力所决定的生产关系的总和。要想理解经济基础的内涵，需要把握两点。其一，经济基础的实质是社会一定发展阶段上的基本经济制度。在一个社会中，实际上存在着的生产关系往往不是单一的，除了占统治地位的生产关系外，还会有旧的生产关系的残余，以及新的生产关系的萌芽。作为一个社会的经济基础，只能是这个社会中占统治地位的生产关系，即马克思所说的"同他们的物质生产力的一定发展阶段相适合的生产关系"，只有它才是区分社会经济形态以及社会性质的根本标志。以我国为例，现阶段既存在着公有制经济，同时也存在着个体经济、私营经济、外资经济、混合经济等多种所有制经济，它们对我国经济的发展都起着各自应有的作用，都是从属于公有制基础上的多种生产关系。党的十八大报告指出，我国社会主义初级阶段的基本的经济制度是，以公有制为主体、多种所有制经济共同发展的基本经济制度。

其二，经济基础与经济体制具有内在联系。所谓经济体制，是社会基本经济制度所采取的组织形式和管理形式，是生产关系的具体实现形式。既然经济体制是经济制度的具体表现形式，那么一个国家所采取的经济体制与经济制度是否适合，就成了该国制定经济体制的各项政策的前提和出发点。换言之，经济体制选择是否得当，直接关乎到经济制度即生产关系的自我完善，同时也就关乎到生产力能否顺利发展。由此可见，经济体制在经济制度中的重要性。以我国经济体制为例，改革开放以前，我国实行中央高度集中统一的计划经济体制，这是一种单一化体制，抑制了生产力的发展；改革开放以来，总设计师邓小平于1992年南巡讲话时指出，计划经济和市场经济都是经济手段，应该结合起来，这样才能解放生产力，加速经济发展。胡锦涛在党的十八大报告中指出，要加快完善社会主义市场经济体制，全面深化经济体制改革。这是一种多样化体制，符合我国经济的发展要求。

经济基础就是生产关系，二者指的是同一个东西，但这两个概念在使用上又有所区别。当使用"生产关系"这一概念时，它与生产力相对应，是生产力借以发展的社会形式；当使用"经济基础"这一概念时，则是同上层建筑相对应，它是一个社会的上层建筑赖以竖立的现实基础。离开同上层建筑的关系，就无所谓经济基础。

二、上层建筑

竖立在社会经济基础之上的上层建筑，自原始社会解体以来，由两部分构成：一是政治上层建筑，即政治、法律制度和设施；二是思想上层建筑或称观念上层建筑，也即意识形态，包括政治、法律、思想、道德、艺术、宗教、哲学等思想观点。

政治上层建筑是人们政治交往的直接产物，是对经济交往的有效保证。由于人们日常的经济交往关系是分散的，不系统的，不可能自发地形成大范围内统一的体系。也就是说，生产关系仅靠自身不能保证其稳定性和较大范围内的协调一致性。因此，必须要求有一种超经济的力量对它进行协调和规范，这就是政治的力量。诚如列宁所说，政治是集中了的经济。人们的政治交往活动是在经济交往的基础上发生的，是围绕着经济交往的目的进行的。政治是经济的集中反映。为了能够引导和规范经济交往活动，政治交往必须制度化、规范化，同时，它还必须具有强制性。于是政治上层建筑应运而生，它具体包括：国家政治制度、立法司法制度和行政制度；国家政权机构、政党、军队、警察、法庭、监狱等政治组织形态和设施。

观念上层建筑与政治上层建筑的关系是：一方面，政治上层建筑是在一定的意识形态指导下建立起来的，是统治阶级意志的体现；另一方面，政治上层建筑一旦形成，就成为一种现实的力量，影响并制约着人们的思想理论观点。例如，在马克思主义这一意识形态的指导下，中国人民建立了社会主义的新中国，实行人民当家作主的政治制度；在这种政治上层建筑或政治制度下，人们的思想就会受到相应的影响和制约，一切反人民、反民主的有害思想和行为，我们党和国家都坚决反对并坚决抵制，为的是确保国家和平发展，保证人民生活幸福。

在整个上层建筑中，政治上层建筑居于主导地位，国家政权是核心。国家不是从来就有的，它是社会发展到一定历史阶段的产物。在原始社会，生产力极其低下，人们为了生存，主要采取氏族、胞族和部落的组织形式，群居生活，平分所得。社会秩序依靠传统习惯和氏族首领的威信来维系，这就是所谓的原始共产主义社会。随着生产力的不断发展，人们之间的矛盾、尤其是经济利益的矛盾冲突日益严重，于是，就需要一种凌驾于社会之上的力量来缓和和解决各种矛盾，于是，国家就产生了。

国家的产生有其阶级根源。国家不同于原始氏族社会。氏族社会主要以血缘关系来划分，靠族长威信来维系，而国家则以地域来划分，以强制性或暴力手段以及征收赋税来维系。国家的出现是因为有阶级之间的对立，所以国家是阶级矛盾不可调和的产物。以历史上最早出现的国家——奴隶制国家的产生为例，历史上最早出现的阶级是奴隶主阶级和奴隶阶级，前者占有全部生产资料，后者一无所有。更甚的是，奴隶没有人权，只是奴隶主的私有财产，只是"会说话的工具"而已。奴隶主可以随意鞭打、买卖甚至屠杀奴隶，奴隶不断用逃亡、暴动、起义等方式进行反抗，力图摆脱被剥削、被压迫的地位。奴隶主阶级与奴隶阶级之间的矛盾是不可调和的，为了不仅从经济上，而且从政治上同样取得对奴隶阶级的剥削和统治，奴隶主阶级建立起了历史上所谓的国家。由此可见，国家的实质是一个阶级统治另一个阶级的工具。经济上占统治地位的阶级为了更好地维护其经济利益，还必须从政治上对被统治阶级进行压制和统治，因而建立起来了强制性的暴力机关，即国家。

同时，国家作为政治上层建筑，作为政治统治，即阶级统治，并不是单单为经济基础服务，它还具有社会管理的职能。这是国家产生的社会根源。随着生产力的发展和社会分工的产生，生产活动、产品交换以及其他交往活动在规模上和复杂程度上都有了很大的发展，这就需要有一个权威组织或机构来保证生产、交换和其他活动的顺利进行；同时，脑力劳动同体力劳动相脱离，并成为某些人的专门职业，使得建立一种权威的管理机构势所必然。国家产生的这两种根源是相互交织、不可分割地联系在一起的。正如恩格斯所说："政治统治到处都是以执行某种社会职能为基础，而且政治统治只有在它执行了它的这种社会职能时才能持续下去。当国家成为政治统治的工具时，它实际上已经在起着管理社会生活的作用；当国家在管理社会生活时，它并没有失去其阶级统治的性质。国家的对内职能、对外职能，都是如此。

国家既不是从来就有，也不是永远存在的。如果没有阶级，就不会有国家。随着人类社会的不断进步，不断地从低级阶段向高级阶段迈进，当全世界彻底进入共产主义社会后，那时，阶级已经不存在了，国家也就不存在了。也可以说，那时的国家才真正成为社会的代表，国家与社会合二为一，国家也就消亡了。当然，这是一个漫长的历史过程，需要全人类的不懈努力和斗争才能实现。

意识形态或观念上层建筑，是上层建筑中另一个重要组成部分。意识形态这一概念，是由法国哲学家和经济学家德·特拉西在19世纪初首次使用的，用来表示一种"关于观念的科学"。马克思、恩格斯把它作为和经济基础、经济形态相对应的重要范畴，指反映特定经济形态、特定阶级或社会集团利益和要求的观念体系。依据唯物史观，社会存在决定社会意识，所以，作为属于社会意识的意识形态，是对社会存在的反映，并具有阶级性。以宗教为例，宗教是人们对世界本质、社会存在的一种虚幻的反映，是一种"颠倒的世界观"。由于社会生产力低下，又由于为满足其统治的需要，统治阶级大肆宣扬上帝、神灵对人民的拯救和保护作用，于是老百姓不再从现实中寻找自己所受苦难的真正原因，而是安于现状，在行动上变得软弱无力，成为剥削阶级统治下的顺从的奴仆。宗教的宣传经常采取通俗易懂的形式，因此它的影响就更为广泛。所有一切，目的只有一个，就是要人们忍受现实的苦难，不作任何反抗，以此维护统治阶级长治久安。可见，宗教是统治阶级给人民打的一剂麻醉针，是马克思所说的"人民的鸦片"。只要阶级存在，宗教就不会消失。

三、经济基础与上层建筑的矛盾运动

每一种社会形态都有它特定的经济基础和上层建筑。那么，二者的关系是怎样的呢？马克思以前，一些资产阶级学者把经济因素和其他因素平列起来，认为社会的经济因素和政治、法律、道德、教育等因素对社会的发展具有同等的作用，彼此不分主次，并都各自独立地对社会的发展发生作用。实用主义者胡适所持的，就是这种历史观。这种历史观貌似全面，然而把本质的与非本质的、决定因素与非决定因素混为一谈，而不管它到底是胡子还是眉毛。由于缺少辩证法精神，也就否认了社会历史发展的客观规律性。

马克思主义并不否认经济、政治、地理环境、教育、道德等各个方面，都会对社会生活发生作用。问题在于，它们的作用是不是等同的。如果说它们之间有相互作用，那么这种相互作用又是在什么基础上发生的呢？

马克思主义认为，在各种因素中，经济因素是最基本的，各种因素之间的相互作用，是在经济因素最终起决定作用的基础上发生的。经济基础和上层建筑的关系，是对立统一的关系。在这个矛盾统一体中，经济基础决定上层建筑，上层建筑对经济基础具有反作用。二者紧密相连，不可分割。

经济基础决定上层建筑。经济基础是上层建筑赖以产生、存在和发展的物质基础，决定上层建筑的性质。恩格斯在《社会主义从空想到科学的发展》中指出："每一时代的社会经济结构形成现实基础，每一个历史时期的由法的设施和政治设施以及宗教的、哲学的和其他的观念形式所构成的全部上层建筑，归根到底都应由这个基础来说明。"在这里，恩格斯根据唯物史观，进一步强调了经济基础的决定作用，强调政治、法律、宗教以及意识形态对经济基础的依赖性。经济结构（经济制度）是基础，上层建筑是派生物，政治的、观念的上层建筑都直接或间接地产生于经济基础。在原始社会，由于没有私有财产，没有剥削，没有阶级的对抗，因此，也就没有像国家这样的组织，没有剥削阶级的意识形态。在阶级社会，由于建立了以私有制为基础的经济制度，也就是相应地产生和形成了各个剥削阶级在政治上和思想上占统治地位的上层建筑。例如，宗教作为观念上层建筑或意识形态，就是为经济上占统治地位的统治阶级服务的。

经济基础的变化，也决定着上层建筑的变化。经济基础改变了，上层建筑必然要相应地发生变化，但这种变化可能快些，也可能慢些，不变化是不可能的。在上层建筑的变革中，当政治、法律制度根本改变以后，某些旧的意识形态则还需要相当长的时间，才能发生彻底的变化。这体现出了社会意识与社会存在发展的不平衡性，体现出了它的相对独立性。比如在我国，虽然已经建立了社会主义的经济基础，但仍然存在着封建主义和资产阶级的腐朽思想。这些旧的上层建筑的残余，只有经过长期的艰苦的斗争，才能最后肃清。经济基础决定上层建筑的性质。有什么样的经济基础，就会有什么样的上层建筑。

当然，经济基础的这种"决定"作用，需要正确的理解，也就是说，这种决定作用不是"唯一"作用。马克思主义出现以后，当时的"青年派"故意歪曲马克思主义，把经济因素说成是"唯一"决定因素，即所谓的经济决定论，它以德国资产阶级学者保尔·巴尔特为代表。巴尔特认为，马克思主义的历史观把社会历史简单地归结为纯粹的经济运动过程，根本不讲意识形态在社会发展中的作用。他认为在马克思那里，经济是自动发展的，人只是经济的奴隶。巴尔特对历史唯物主义的歪曲，实质上是否定唯物史观的基础——物质生产和经济基础在社会发展中最终起决定作用的原理，实则是一种历史唯心主义。对此恩格斯在给友人约·布洛赫的信中坚决批判了这种错误思潮，指出："如果有人在这里加以歪曲，说经济因素是唯一决定性的因素，那么他就是把这个命题变成毫无内容的、抽象的、荒诞无稽的空话。经济状况是基础，但是对历史斗争的进程发生影响并且在许多情况下主要是决定着这一斗争的形式的，还有上层建筑的各种因素：阶级斗争的政治形式及其成果——由胜利了的阶级在获胜以后确立的宪法，等等，各种法的形式以及所有这些实际斗争在参加者头脑中的反映，政治的、法律的和哲学的理论，宗教的观点以及它们向教义体系的进一步发展。"从这段引言可以看出，一方面体现出了经济基础对上层建筑的决定作用，并且，这种"决定"作用，是在

"归根到底"的意义上体现出来的。另一方面，也表明了上层建筑的重要性，也就是说，上层建筑对经济基础具有反作用。

上层建筑对经济基础的反作用集中表现在：为自己的经济基础的形成和巩固服务，确立或维护其在社会中的统治地位。经济基础是上层建筑产生的根源，是为满足经济基础的需求而产生的，因此，产生后的上层建筑必然要为其经济基础服务，否则它就不成其为上层建筑。以政治上层建筑为例。政治上层建筑作为一种超经济的力量，以行政的、法律的种种形式强制性地控制社会的经济生活，将人们的经济交往活动限定在一定的秩序和范围内，从而起着保护自己的经济基础的作用。政治上层建筑对经济基础的这种保护作用，一方面表现在帮助自己经济基础的形成、巩固和发展，另一方面又表现在同对自己经济基础有害的因素作斗争。也就是说，既要"保护自己"，又要"排除异己"。任何一个社会的经济基础，如果没有政治上层建筑的保护，就不可能巩固，更不可能发展。同样，思想上层建筑，即意识形态，同政治上层建筑一样，也是维护特定的经济基础，但它发生作用的方式却与政治上层建筑不同。政治上层建筑一般借助强力发生作用，而思想上层建筑则一般借助于非强力的教化、说服、感染、教育等手段，发生潜移默化的作用。拿艺术来说，艺术是通过塑造具体、生动的形象，象征性地把握世界、反映社会生活的。它包括绘画、雕塑、音乐、舞蹈、戏剧、文学、建筑等许多具体的形式。作为一种意识形态形式，艺术受制于社会的经济基础、阶级利益和政治状况。列宁就曾建议高尔基，希望他能写揭露资本主义社会本质的小说。电影作为艺术形式之一，同样是对社会现实的反映。以《一九四二》为例，电影通过对河南灾荒造成的凄凉和难民们悲惨命运的刻画，把日本侵略者的暴行给中国人民带来的苦难淋漓尽致地表现出来，同时也揭露了国民党政府的腐败无能，以致300万人无辜惨死。电影是对70年前那段天灾人祸的历史追忆，更是对旧中国那段历史现实的真实反映。从某种意义来说，它也是旧中国社会现实的缩影。

上层建筑对经济基础的反作用，从性质上大致有两种：促进或阻碍的作用。当上层建筑同经济基础相适应，在同一方向上活动，并能满足经济基础的要求时，就起促进的作用；反之，如果上层建筑腐朽衰败，已不能满足经济基础的要求，那么它的活动就会同经济基础发生尖锐的矛盾，就会对经济基础起到破坏的作用，成为阻碍社会发展的消极力量。

这是因为，任何上层建筑对经济基础的反映，都只能是近似的。所谓经济基础决定上层建筑，只是说明经济基础为上层建筑的选择确立了可能性范围，即上层建筑只能在经济基础所给予的范围内建立。经济基础对上层建筑具有"决定"作用，只是说上层建筑主要根源于经济基础，但并不是说经济基础是它产生和发展的唯一原因。也就是说，任何一种上层建筑都不是完全由经济基础决定的，它还要受到经济基础以外的其他许多复杂因素的影响。1894年，恩格斯在致瓦·博尔吉乌斯的信中阐明了这一问题。恩格斯指出："政治、法律、哲学、宗教、文学、艺术等的发展是以经济发展为基础的。但是，它们又都互相作用并对经济基础发生作用。并非只有经济状况才是原因，才是积极的，其余一切都不过是消极的结果。"这表明，上层建筑除了经济基础的根源性影响外，还受到其他社会意识形态的影响，这就使得上层建筑具有某种自身的规定性，或者说具有一定的灵活性。这样看来，上层建筑绝对适合于经济基础是不可能的，它们之间总是充满着矛盾。

经济基础与上层建筑之间的这种矛盾，构成了人类社会基本矛盾中的第二对矛盾。经济基础与上层建筑之间的相互作用，即矛盾运动，在实际运行中是极为复杂的。其一，当经济基础与上层建筑性质相同时，上层建筑的不完善部分，没有反映经济基础要求的部分都会同经济基础发生矛盾。其二，在不同性质的经济基础与上层建筑的关系中，矛盾更为复杂，主要表现在，占统治地位的经济基础同旧的上层建筑的残余、未来上层建筑的萌芽之间的矛盾；新旧上层建筑之间、新旧经济基础之间的矛盾等。其三，当一种社会形态处于上升发展阶段时，上层建筑同经济基础一般是适应的；当一种社会形态处于没落时，上层建筑同经济基础变革的客观要求则是不适应的，其矛盾则变为对抗性的、全局性的矛盾。

经济基础与上层建筑之间的矛盾，最终根源于生产力与生产关系之间的矛盾。生产力是最活跃的因素，随着社会生产力的发展，便要求生产关系也有某种相应的调整、改变，而这种调整进而导致上层建筑也必须作出调整，又因为上层建筑是相对稳定的形式，所以它与经济基础之间必须会出现一定的矛盾，有时会对经济发展起阻碍作用。但无论这种阻碍作用有多大，它终究不能改变历史发展的方向。经济总是要为自己的发展开辟前进的道路的。这也就是说，当社会生产力发展到要求生产关系即经济基础实行根本性变革的时候，经济基础与上层建筑之间的矛盾便达到了激化的程度；正如马克思所说，那时社会革命的时代已经到来，随着经济基础的变更，全部庞大的上层建筑必将或慢或快地发生变革。

总之，经济基础与上层建筑相互作用的矛盾运动规律，就是上层建筑一定要适合经济基础状况的规律。这里的"一定要适合"表明：经济基础状况决定上层建筑的发展方向，决定上层建筑相应的调整或变革，而不允许上层建筑长时期落后于或不适应自己的发展；上层建筑的反作用，也必须取决于和服从于经济基础的性质和客观要求，而不允许上层建筑脱离经济基础的发展状况和水平。

在当代中国，党和国家遵循上层建筑一定要适合经济基础状况的规律，在不断深化经济体制改革，完善社会主义经济制度的同时，加快上层建筑领域的改革，以更好地促进生产力的发展。党的十八大报告提出了"五位一体"的总体布局，正是对社会基本矛盾的正确认识。报告指出，全面落实经济建设、政治建设、文化建设、社会建设、生态文明建设五位一体总体布局，以促进生产关系与生产力、上层建筑与经济基础相协调，不断开拓生产发展、生活幸福、生态良好的文明发展道路。这与"三个代表"重要思想和科学发展观一脉相承，体现了社会主义国家的优越性。

第四章　社会基本矛盾的作用

　　对历史之谜的探寻，一直是所有哲学家关注的一个焦点。所不同的是，唯心主义哲学家从自己哲学立场出发，把社会历史本质、社会发展动力，归结为人们的思想动机或精神力量；唯物主义哲学家同样从自己哲学立场出发，把历史发展看作是事物自身的发展，也就是说，从物质动因来解释社会历史的发展。当然，唯物主义者对历史之谜、历史本质的探寻，只有到了马克思主义，才真正达到了科学，历史哲学转变为历史科学。这就是唯物史观对唯心史观的胜利。在马克思主义看来，矛盾是一切事物发展的根本动力，而社会历史发展的动力，就在于：物质资料生产方式，以及在此基础上形成的生产力和生产关系的矛盾、经济基础与上层建筑的矛盾运动。

第一节　社会基本矛盾的具体表现

生产力与生产关系、经济基础与上层建筑的矛盾是人类社会的基本矛盾，这个矛盾在不同的社会形态有其具体的特殊的表现。例如，在封建社会表现为生产的个体化与封建土地占有制之间的矛盾；在资本主义社会表现为生产的社会化和资本主义生产资料私人占有制的矛盾；在社会主义社会，则表现为生产力相对落后与人民物质文化生活需要之间的矛盾。

一、封建社会的基本矛盾

在我国封建社会的两千余年里，生产力是极其低下的。前面提到，生产力包括劳动资料、劳动对象和劳动者三个基本要素，在封建社会里，一直是分散和体力劳动者——单个农民，同极其简陋的生产工具相结合，来与劳动对象——小块土地打交道。这让人眼前不由得浮现出农民在炎热的正午时分，挥锄去草汗滴禾下土的场景。"男耕女织"、自给自足，是对封建社会生产方式的真实写照。

　　明确了生产力的基本状况，才能据此认清什么样的封建生产关系才与这种状况的生产力大体相适应或不相适应。众所周知，任何封建生产关系的基础都是封建地主阶级占有基本的生产资料——土地。中国封建土地关系大体有皇朝地主土地所有制和私人地主土地所有制两种。前者作为一种国有（官有、王有）形式，其土地所有权尽管集中于皇朝政府手里，但在经营方面，封建政府却总是通过"授田"、"均田"等方式，使土地实行分散的个体化经营。这与当时的生产力相适应，是最合理的生产方式。正如马克思所指出的，这种生产方式是以土地及其他生产资料的分散为前提的。

　　这种分散经营的小生产方式，在封建社会的一定发展阶段促进了生产力的发展。可以说，某一个封建王朝能否太平盛世、某一个皇帝能否坐稳龙椅，皆根源于该社会的小农经济能够恢复、繁荣和发展。历史上的"贞观之治"、"开元盛世"，都是因为广大农民干劲十足，小农经济繁荣，民心稳定的缘故。反之，如果封建王朝政府腐败，加重农民的赋税，或者政治上掌握特权的官僚、贵族和豪强阶层通过"自由买卖"而疯狂兼并土地，致使农民缺少耕种土地，更加无法偿还赋税而民不聊生，都会导致封建社会基本矛盾，即生产力与生产关系之间尖锐剧烈的冲突。在中国封建社会，所谓生产关系适应生产力水平，就是产品分配形式即剥削程度要适应个体小农所能负担的水平；所谓生产关系适应生产力状况，就是生产资料占有形式主要是土地占有状况要适应小农分散经营的状况。而基本矛盾趋于激化的步骤，则往往是由"水平"上的逐步不适应而导致"状况"上的逐步不适应，从而引起全面危机。

在整个前资本主义社会，即在原始社会、奴隶社会和封建社会，每个生产过程都是孤立的、分散的，相互间的联系既少而又单纯，整个社会生产实际上只是各个部分的简单的集合。这种生产方式，就是通常所说的自然经济，它发展到封建社会，成为前资本主义社会中的最高形态。之所以叫自然经济，是与资本主义的商品经济相对而言的，表明这种生产的社会性程度依然较低，在人类社会的生产历史中，属于带有较多自然属性的阶段，所以，也可以把这一阶段叫做生产的自然式阶段。资本主义社会、社会主义社会和共产主义社会基本上属于生产的社会化阶段。自然式的生产向社会化的生产转变，无疑是社会生产力发展过程中最重大的质的飞跃，它标志着近代以来人类社会史的开端，是近代以来生产力发展的总趋势。

二、资本主义社会的基本矛盾

马克思创立的唯物史观并不是也不可能是从头至尾漫游全部人类社会历史的产物，而是以资本主义社会形态为基本立足点，追溯社会历史过程的结果。这是因为，"资产阶级社会是最发达的和最多样性的历史组织。因此，那些表现它的各种关系的范畴以及对于它的结构的理解，同时也能使我们透视一切已经覆灭的社会形式的结构和生产关系"。这也就是马克思所说的"人体解剖对于猴体解剖是一把钥匙"的原因所在。在这种历史分析的基础上，马克思主义创始人得出了对于一切社会基本矛盾的一般性认识，即生产力和生产关系、经济基础与上层建筑的矛盾。在资本主义社会，这种基本矛盾具体表现为生产的社会化和资本主义生产资料私人占有制之间的矛盾。

目前认为，人类社会生产力的发展，大体经历了三个历史形态，即手工生产、大机器生产和自动化生产。手工业生产这一阶段，是封建社会向资本主义社会过渡的重要阶段。在封建社会，随着生产力的发展，手工业生产得到了很大的发展，产生了手工业行会以及商业行会。到了封建社会后期，生产力进一步发展，使得以自然经济为主的生产方式开始向以商品经济为主的生产方式过渡，为资本主义生产方式的产生打下了基础。

以欧洲手工业行会为例。中世纪市场狭小并具有地方性，城市手工业者为了排除彼此间的竞争和农村手工业产品的竞争，也为了抵制封建领主的压榨勒索，便逐步联合起来加强自己的力量与地位，从而形成了封建行会制度。一个行会的会员，包括本城的操同一行业的所有匠师。匠师是小生产者，有自己的作坊和生产工具，有帮工和学徒各二三人。学徒经过三至五年升为帮工；帮工经过二至三年可以升为匠师，独立开业，成为行会会员。这样形成了匠师——帮工——学徒的封建行会等级制度。匠师本人参加劳动，但对学徒、帮工有程度不同的剥削。行会由会员选出若干人组成领导机构，这些人成为行会的上层分子。这表明，封建行会约束下的手工业，是建立在私有制和自身劳动的基础上的，是以交换为目的的简单商品经济。随着商品经济的发展，小生产者之间展开了激烈的竞争并由此发生剧烈的两极分化：一部分条件好的匠师或作坊主不断扩大生产规模，添置设备，增加雇佣工人的数量，逐渐富裕并成为最早的工业资本家；多数作坊主或由帮工升到匠师的，因资金缺乏、技术不硬等原因，在竞争中逐渐衰落下去，直至破产，最终同帮工和学徒一起沦为雇佣工人。这样，行会中原先的师徒关系就转变为了雇佣关系，手工业生产方式进入到了工场手工业的生产方式，资本主义的生产方式得以产生。

工场手工业的好处产生于合理化，由于合理化，每一局部操作有可能成为独立的操作，工人有可能专业化，从而可能改良动作和工具、提高速度等等。在工业革命以前，即在手工业时期，劳动手段（工具）必须适合人（劳动者）的机体，也就是说，工人要想掌握工具，必须要先拜师学艺，成为学徒。因此，手工业与学徒制是紧密相连的。此时的"技术"，就是指匠师的手艺，技术基本上是他个人的，尽管劳动采取的是集体形式。工业革命以后，大机器生产代替了手工生产，这样就改变了劳动者和生产资料之间的关系，以前是工具必须适应人的肌体，现在是人的机体必须适应工具（机器）。工人不必像先前那样必须通过"拜师学艺"来掌握工具，而只要通过短暂的培训就能适应工具（机器）的要求。

机器的使用极大地提高了劳动生产率，促进了生产力的发展。当然，资本家（统治阶级）推动生产力的发展，并不是他的动机，也就是说，并不是为了让贫困者过上温饱生活。恰恰与此相反，资本家追求的是自身的物质利益，他们的目的是从他人的劳动中获取剩余价值。只不过在这个过程中，他们不知不觉地从整体上推动了生产力的发展而已。生产剩余价值是资本主义生产方式的绝对规律。工人在劳动过程中所创造的财富，一部分归自己所有，以工资的形式返给工人，而另一部分却被资本家无偿占有。被资本家无偿占有的这一部分价值，就是剩余价值（利润）。资本家用无偿占有的剩余价值，一小部分满足自用，绝大部分会作为资本，投入到新的再生产当中，即用它来购买新的劳动力和劳动资料等，为的是赚取更多的剩余价值。同样，资本家不断改进技术，提高劳动生产率，一则可以使自己立于不败之地，而更主要的，就是能够赚更多的钱。这一过程对资本家来说是永无完结的，生命不息，赚钱不止。

资本主义社会代替封建社会，是生产力与生产关系相适应、相协调的结果。因此，在一定的阶段上，资本主义得以迅速发展，创造了大量的社会财富。马克思在《共产党宣言》中指出，资产阶级在历史上曾经起过非常革命的作用，它在不到一百年的阶级统治中，创造出的生产力远胜于过去一切世代所创造的全部生产力。但是，随着资本主义社会的生产力水平大幅度提高，资本主义的生产关系却越来越不适应生产力的发展要求，阶级矛盾激化，经济危机频繁爆发……种种迹象表明，资本主义的生产关系已经越来越无法适应它强大的生产力水平。正如马克思所说："社会所拥有的生产力已经不能再促进资产阶级文明和资产阶级所有制关系的发展；相反，生产力已经强大到这种关系所不能适应的地步，它已经受到这种关系的阻碍；而它一着手克服这种障碍，就使整个资产阶级社会陷入混乱，就使资产阶级所有制的存在受到威胁。"

在资本主义社会，随着科学技术的进步和社会生产力的不断发展，资本主义生产不断社会化。一方面，生产资料的使用社会化了，生产过程成为许多人协同进行的社会化大生产；各个企业、各个部门之间的相互联系和相互依赖的程度日益加强；社会分工不断扩大，生产的范围从一个企业扩展到一个国家，甚至扩展到全球，整个社会的经济活动密切地联结在一起。另一方面，资本越来越集中于少数资本家手中，生产什么，生产多少，怎么生产等问题，完全由资本家个人说了算，完全取决于资本家自身对剩余价值追逐的目的；生产出来的产品完全由资本家所占有，并按照他们的私利来进行交换和分配。这样，生产的社会性和资本主义生产资料的私人占有形式之间便发生了深刻的矛盾。而这种矛盾，会随着资本主义的发展，愈加成为不可治愈的顽疾。

为了缓解资本主义内部矛盾，从工业资本主义到"晚期"、"消费主义"、"后工业"或"后现代"资本主义，统治阶级对生产关系进行了一定的调整，确实带来了一些显著变化。比如，西方资本主义国家对分配制度进行了相应的改革，一定程度上改变了资本主义社会剩余价值的占有方式，提高了劳动者的工资收入水平。具体做法是：第一，劳资双方协商确定工资水平。工资集体谈判制产生于18世纪末，到20世纪30年代最终确立，它是协商劳资冲突的产物，其实质在于通过相对平等的劳资集体谈判，使工人能够分享到劳动效益提高和利润增长的成果。一来有利于增进工人的劳动积极性，二来有利于留住优秀人才，从而提高企业劳动生产率。第二，参与剩余价值（利润）分配。以往，利润（剩余价值）完全归资本家占有和支配，工人无权干涉。20世纪70年代，资本家与工人通过协商，推行了工资水平与企业的利润收入挂钩的工资制度，于是"分享制"和"员工持股计划"应运而生。第三，按社会保障原则分配。二战以后，欧洲经历了近20年经济持续高速增长，使得英国、瑞典等一批"福利国家"相继建成。美国经历了1929年的"大萧条"（经济危机）之后，罗斯福总统开始致力于社会保障事业。

尽管劳动者的收入水平和待遇都有很大的改善，但剩余价值占有方式的变化并未改变剩余价值的本质。剩余价值的生产和分配的本质，是由资本主义生产关系确定的。正如马克思所说："吃穿好一些，待遇高一些，特有财产多一些，不会消除奴隶的从属关系和对他们的剥削，同样，不会消除雇佣工人的从属关系和对他们的剥削。"而且，在当代美国，居民的收入分配差距越来越大，这从基尼系数的扩大可以看出。2003年美国居民收入差距的户均基尼系数为0.464，比2002年的0.462扩大了0.2个百分点，并且，美国的基尼系数呈现逐年上升的趋势。在美国，飞行员与医院搬运工，高级公务员与酒店服务员之间的工资差距是巨大的，并且这种差距不再缩小，而在扩大。因此，资本主义生产关系方面的调整或改革，远没有触及资本主义生产关系的本质，没有改变资本主义财产关系的基本性质，资本主义的生产仍然是雇佣劳动下的剩余价值生产。

就像封建社会生产方式孕育并产生了资本主义生产方式一样，资本主义生产方式也同样为新的生产方式提供了产床，正如马克思所说："一种历史生产形式的矛盾的发展，是这种形式瓦解和新形式形成的唯一的历史道路。"在资本主义社会里，社会化生产和资本主义私人占有的矛盾，是贯彻始终的基本矛盾。这种矛盾，在资本主义本身的经济和政治的调节机制作用下，能够在一定时期内得到某种局部的解决和总体上的缓和，但因为生产资料的私人占有同生产的社会化本质上是对立的，因而不可能从根本上得以解决或消除。比如，它没有能力从根本上消除机器设备大量闲置、失业大军此消彼长、周期性经济危机等弊病，而这些都不可避免地要引起阶级矛盾和社会矛盾的尖锐化。要想从根本上解决上述矛盾，只有走社会主义道路。

三、社会主义社会的基本矛盾

作为社会制度的社会主义，是解决资本主义社会基本矛盾的结果。资本主义为社会主义所代替，旧社会的终点即新社会的起点。生产资料公有制代替生产资料私有制，使生产资料所有制的性质发生了根本的改变。但是，商品经济的发展和生产社会化的趋势却并未中断，它仍然是联系各个生产部门、经济单位的不可缺少的纽带。资本主义制度由于不能解决生产的社会化与资本主义生产资料私人占有之间的矛盾而覆亡，取而代之的新的社会形态必须是能够解决旧的社会基本矛盾的形态，方能确立下来。事实也正是如此。社会主义公有制代替资本主义私有制，使生产资料的所有关系符合生产社会化的内在要求，形成新的统一体，使原有的发生对抗的资本主义私有制与生产社会化的基本矛盾得到解决。

那么，社会主义社会的基本矛盾到底是什么，社会主义对资本主义社会基本矛盾解决之后，在自身发展过程中又会怎样面对和解决必然出现的新问题呢？

毛泽东在《关于正确处理人民内部矛盾的问题》一文

中，对社会主义基本矛盾作了阐述："在社会主义社会中，基本的矛盾仍然是生产关系和生产力之间的矛盾，上层建筑和经济基础之间的矛盾。不过社会主义社会的这些矛盾，同旧社会的生产关系和生产力的矛盾、上层建筑和经济基础的矛盾，具有根本不同的性质和情况罢了。"

毛泽东这一思想的提出，是历史发展的必然结果。在我国对生产资料所有制进行社会的改造基本完成之后，在无产阶级与资产阶级的矛盾已经基本解决，阶级剥削的历史已经基本结束，社会主义的社会制度已经基本确立的新的历史条件下，毛泽东紧密结合中国实际，在实践中运用和发展了马克思主义关于社会基本矛盾的理论，第一次明确提出了"社会基本矛盾"这一新的科学概念。在毛泽东看来，社会的基本矛盾虽然都是生产力与生产关系、经济基础与上层建筑之间的矛盾，但是旧社会基本矛盾的性质与社会主义的基本矛盾性质有着本质的不同。人类社会的发展史表明，在整个阶级对抗社会中，生产关系适应生产力，上层建筑适应经济基础要求的时间是非常短暂的，较长时间里是不适应以至严重阻碍生产力的发展。可见，阶级对抗社会的基本矛盾运动的特点，就是生产关系由适应生产力发展要求，到阻碍生产力发展，以致破坏生产力并最终引起社会革命。如果可以用公式来表示的话，那就是"适应——不适应——社会革命"。拿资本主义来说，资本主义基本矛盾的具体表现形式是，生产的社会化和资本主义私人占有制之间的矛盾，这种矛盾同时也表现出了无产阶级与资产阶级之间的矛盾，它是资本主义的主要矛盾，具有对抗性和不可调和性，它不能通过资本主义制度内部的调整来解决，最后只能通过无产阶级革命，消灭资本主义，建立社会主义制度来解决它的基本矛盾。

进入社会主义，以生产资料公有制为基础的社会主义的生产关系和以人民民主专政为核心的社会主义的上层建筑，较之旧社会的生产关系和上层建筑有着无比的优越性，同生产力和经济基础总的来说是相适应的，并对生产力的发展起着巨大的推动作用。当然，社会主义的生产关系和上层建筑刚刚建立起来，还很不完善，在某些具体环节上还存在着缺陷，这又同生产力和经济基础的发展不相适应，具体表现为：生产力相对落后于人民日益增长的物质文化生活需要之间的矛盾。社会主义必须根据具体的情况，不断地解决这些矛盾。由于这些矛盾不具有阶级对抗性，不需要用革命或暴力的方式解决。归根结底，还是生产力的问题。因此，社会主义通过改革可以解决新矛盾、新问题，以使生产关系适应生产力的发展要求，如果用公式来表示，那就是"基本适应——逐步完善——比较完全适应"。

邓小平抓住了问题的实质，创建了中国特色社会主义理论。他说："社会主义的本质，是解放生产力，发展生产力，消灭剥削，消除两极分化，最终达到共同富裕。""一个公有制占主体，一个共同富裕，这是我们所必须坚持的社会主义的根本原则。"为了解决落后的生产力与人民日益增长的物质文化需要，就必须大力发展生产力。邓小平告诉我们，不要把市场经济与资本主义划等号，社会主义也有市场，只有把计划经济与市场经济结合起来，才能解放生产力，加速经济发展，最终达到人民共同富裕。这是当代中国解决社会基础矛盾的必由之路。新的国家领导集体同样遵循这一指导方针，不断完善政治、经济体制的改革，使生产关系适应生产力的发展要求，实现人民生活幸福、促进社会和谐发展。

第二节　社会基本矛盾是社会发展的根本动力

一、社会基本矛盾与社会主要矛盾的关系

通过前面的探讨，我们对社会基本矛盾概念有了进一步的认识。为了更深入地理解这一概念，我们将简要阐述与之紧密相连的另一个主要概念，即社会主要矛盾，以及二者之间的关系。

我们知道，社会基本矛盾概念是由毛泽东首次提出的，同样，社会主要矛盾也同样出自毛泽东。在《矛盾论》中，毛泽东在论述主要矛盾和次要矛盾的概念时，提出了社会主要矛盾的概念。矛盾是事物发展的根源和动力，社会领域也不例外。在社会生活中存在着各种各样的矛盾，其地位和作用各不相同。从社会领域中矛盾的地位和作用来看，社会矛盾有基本矛盾和非基本矛盾之分，有主要矛盾和次要矛盾之分，在同一矛盾内部，又分为矛盾的主要方面和矛盾的次要方面。社会基本矛盾就是指贯穿社会发展过程始终，规定社会发展过程的基

本性质和基本趋势，并对社会历史发展起根本的推动作用的矛盾。社会主要矛盾，是指在某一历史阶段的社会诸矛盾中占支配地位，对该历史阶段的发展起主导、决定、支配作用的矛盾；它随着历史条件的变化而变化，是各个历史阶段人们为之奋斗的中心任务，也是该社会发展的直接动力。毛泽东指出，无产阶级和资产阶级的矛盾是主要矛盾，而残存的封建地主阶级和资产阶级的矛盾、农民小资产阶级和资产阶级的矛盾、无产阶级和农民小资产者的矛盾、自由资产阶级和垄断资产阶级的矛盾、资产阶级民主主义势力和资产阶级的法西斯主义势力的矛盾、资产阶级国家相互之间的矛盾、帝国主义和殖民地的矛盾等等，都是次要矛盾。从中可以看出，毛泽东所意指的社会主要矛盾与社会次要矛盾，都是阶级矛盾与政治集团之间的矛盾，他是在众多的阶级矛盾和政治集团的矛盾的范围内来区分社会主要矛盾和社会次要矛盾的。毛泽东的这一思想，具有局限性，为后来提出的"以阶级斗争为纲"的错误指导方针埋下了伏笔。

邓小平在党的十一届三中全会以后，在坚持运用毛泽东关于社会基本矛盾理论的前提下，总结建国三十多年的历史经验，并结合社会主义现代化建设的新任务，于1979年3月召开的理论工作会议上，对社会主要矛盾概念重新进行了定义。邓小平明确提出："目前时期的主要矛盾，也就是目前时期全党和全国人民所必须解决的主要问题或中心任务，由于三中全面决定把工作重点转移到社会主义现代化建设方面来，实际上已经解决了。我们的生产力发展水平很低，远远不能满足人民和国家的需要，这就是我们目前时期的主要矛盾，解决这个矛盾就是我们的中心任务。"一言以蔽之，我国社会主义初级阶段的主要矛盾，就是人民不断增长的物质文化需要同落后的社会生产之间的矛盾。邓小平把社会主要矛盾同党的工作重点联系起来，这样就把考虑社会主要矛盾的范围，扩大到了整个社会实践领域，除了处理社会关系的实践，即阶级矛盾和政治集团之间的矛盾之外，同时还包括生产实践领域内的矛盾，以及科学实践领域内的矛盾。因此，社会主要矛盾，是指在整个实践领域中居于主导地位的矛盾。

社会基本矛盾与社会主要矛盾两者密不可分，它们之间的关系是普遍与特殊、一般与个别、抽象与具体的关系。社会基本矛盾，即生产力和生产关系的矛盾、经济基础与上层建筑的矛盾，是"普遍"、是"一般"，也是"抽象"，它贯穿人类社会发展过程的始终，对人类社会发展起根本作用。但在任何一个历史发展阶段，在任何一个具体的社会发展形态中，社会基本矛盾都要表现为社会主要矛盾，社会主要矛盾是社会基本矛盾的集中体现。因之，社会主要矛盾是"特殊"，是"个别"，也是"具体"。由于社会基本矛盾的这种"根源性"地位，它的性质、特点和变化，必然决定社会主要矛盾的性质、特点和变化。正如毛泽东所指出的，我国作为社会主义社会，其基本矛盾虽然没变，依旧是生产力和生产关系的矛盾，经济基础和上层建筑的矛盾，但同旧社会相比，已经具有了不同的性质和情况。在社会主义社会，人民当家作主，阶级矛盾已经不再成为社会的主要矛盾，与之相适应，邓小平提出的"需要和生产"之间的矛盾，遂成为社会主义社会的主要矛盾。同时，"普遍"离不开"特殊"，"抽象"离不开"具体"，社会基本矛盾的解决，也有赖于社会主要矛盾的解决。当然，无论是对于社会基本矛盾的解决，还是对于社会主要矛盾的解决，其根本途径，都是解放和发展生产力。这也是中国特色社会主义总设计师邓小平，之所以一再强调"发展生产力"的根本原因。

二、社会基本矛盾是社会发展的根本动力

马克思明确指出，人类社会自身的发展过程，即人类社会从一种社会形态向另一种社会形态转化的过程，最终是由生产力和生产关系的矛盾、经济基础与上层建筑的矛盾运动过程所规定的。虽然马克思实际上把生产力和生产关系的矛盾、经济基础与上层建筑的矛盾看作是人类社会的基本矛盾，但马克思并没有明确提出社会基本矛盾这一范畴。直到1957年，毛泽东在对人类社会发展史进行充分的研究之后，结合中国的实际，对马克思主义的社会基本矛盾理论进行了发展，首次提出了社会基本矛盾这一范畴。

矛盾是事物发展的根源和动力，社会领域也不例外。在社会生活中存在着各种各样的矛盾，其地位和作用各不相同。从社会领域中矛盾的地位和作用来看，社会矛盾有基本矛盾和非基本矛盾之分。社会基本矛盾就是指贯穿社会发展过程始终，规定社会发展过程的基本性质和基本趋势，并对社会历史发展起根本的推动作用的矛盾。生产力和生产关系、经济基础和上

层建筑的矛盾是社会基本矛盾。这两对矛盾贯穿于人类社会发展过程的始终，并规定了社会发展过程中各种社会形态、社会制度的基本性质；制约着社会其他矛盾的存在和发展，决定社会历史的一般进程，推动社会向前发展。

首先，生产力是社会基本矛盾运动中最基本的动力因素，是人类社会发展和进步的最终决定力量。

生产力是社会存在和发展的物质基础和根本前提。人类要想生存，必须解决吃、穿、住等基本物质需求，人类任何其他的历史活动，都是建立在物质生产基础之上的。生产力决定生产关系，进而决定其他社会关系的基本面貌，决定世界历史发展的进程。正如马克思所指出的，17世纪和18世纪从事制造蒸汽机的人们绝不会料到，他们所制作的工具，比其他任何东西都更能使全世界发生革命性的变革，使社会状态发生根本性的改变。恩格斯指出，"一切重要历史事件的终极原因和伟大动力是社会的经济发展，是生产方式和交换方式的改变，由此产生的社会之划分为不同的阶级"。随着生产力的发展，人类的活动范围越来越扩大，由地域性向全球性方向发展，各民族的交往活动也越来越多，越来越复杂，人类历史逐渐由"民族历史"向"世界历史"转化。所以，马克思、恩格斯对资本主义所作出的贡献给予很高的赞誉，认为大工业"首次开创了世界历史，因为它使每个文明国家以及这些国家中的每一个人的需要的满足都依赖于整个世界，因为它消灭了各国以往自然形成的闭关自守的状态"，于是，历史也就越来越成为世界历史了。

生产力是衡量社会进步的根本标志。人类社会是在生产力与生产关系的矛盾运动中前进的。物质生产作为社会历史发展过程的基础，具有双重关系：体现在生产力中的人与自然的关系，以及体现在生产关系中的人与人之间的关系。这双重关系犹如社会历史的经纬线，构成了社会发展过程最基本的矛盾。生产力的发展既是社会物质文明发展的基本内容，也是政治文明、精神文明、社会文明、生态文明发展的基础。人类社会是一个复杂的有机体，所有方面都要协调发展，才能使社会有机体正常运转。要想实现这一点，都必须根源于生产力的发展。只有在生产力发展的基础上，才有可能充分满足人民群众的物质生活和精神生活等多方面的需要。

其次，社会基本矛盾，特别是生产力和生产关系的矛盾，是"一切历史冲突的根源"，决定着社会中其他矛盾的存在和发展。

在生产力和生产关系的矛盾、经济基础与上层建筑的矛盾运动中，生产力和生产关系的矛盾是更为基本的矛盾，它决定着经济基础与上层建筑的矛盾的产生和发展。如前所述，当旧的生产关系成为生产力发展的绊脚石时，生产力必然要求生产关系作出相应的变化，或改变生产关系以适应新的生产力的发展要求，或根本变革生产关系的性质；而一旦生产关系或经济基础状况发生了变化，就会同原有的上层建筑发生矛盾，使得原有的上层建筑也必须作出相应的变化，适当调整甚至完全变革上层建筑。因此说，一切历史冲突都根源于生产力与生产关系之间的矛盾。社会发展的最终根源是生产方式内部的矛盾运动。生产方式内部的矛盾运动是社会历史存在和发展的最终力量。

当然，经济基础与上层建筑的矛盾也会影响和制约生产力和生产关系的矛盾。因为，生产力和生产关系的矛盾的最终解决，还有赖于经济基础与上层建筑的矛盾的解决。生产关系的变革或经济基础的变化，不仅决定于生产力的发展，而且也受制于社会意识形态和政治法律制度即政治上层建筑的变化或变革。当上层建筑适应新的经济基础时，就会促进经济和社会的发展；当上层建筑不适应经济基础并阻碍生产力的发展时，解决经济基础和上层建筑的矛盾就成了当务之急，因为只有解决了经济基础与上层建筑的矛盾，才能解决生产力和生产关系的矛盾，进而解放生产力、发展生产力。

最后，社会基本矛盾决定社会形态的更替。

马克思主义揭示的社会发展的基本动力和基本规律，为人们观察社会历史，把握社会发展的一般进程，提供了指导性的线索。它指出了人类社会是一个由低到高的发展过程，新的社会形态取代旧的社会形态是历史的必然。所谓社会形态，就是同生产力发展的一定阶段相适应的经济基础和上层建筑的统一体，它包括经济形态、政治形态和意识形态，是三者具体的、历史的统一。其中，经济形态是社会形态的基础，生产资料所有制关系具有决定性的意义，社会之所以区分为不同性质的社会，其根据就在于不同的社会经济形态，在于生产资料所有制的性质。拿我国社会来说，它所以是社会主义社会，最根本的标志，就是在于社会主义公有制已经占了主导地位和绝对优势，消灭了剥削制度。

原始社会、奴隶社会、封建社会、资本主义社会和共产主义社会，是人类社会发展的五种社会形态，它们的依次更替，就是社会基本矛盾运动的结果，这是一个自然历史过程。社会基本矛盾决定了这五种社会形态的依次更替，但这种更替模式并不是僵死的、一成不变的，也就是说，并不是任何社会的发展都一定要经历这五种社会形态。

这是因为，社会形态的更替，一方面以一定的生产力发展水平为前提，但另一方面，它还要受到其他多种因素的影响和制约，比如政治、军事、文化、历史传统以及国际条件等，所有因素都会对社会形态的更替产生作用。所以说，社会形态的更替并不简单是经济作用的结果，尽管经济发展状况是基础。事实上，一种新制度取代旧制度，通常并不是严格遵守"更替规律"，相反却会"出其不意"，更易于从经济发展较弱的旧制度中突破，从而使历史发展呈现跳跃性和曲折性。

马克思晚年对俄国革命问题作了深入的研究，指出了俄国革命的可能性道路。1881年，在写给友人的信中，马克思指出，俄国具有农村公社这一特殊的国情，使得俄国可以不通过资本主义制度，而直接进入社会主义，用马克思的话说，"不必自杀就可以获得新的生命"。这表明，历史的发展是有偶然性存在的，而偶然性所体现的，却正是必然性。马克思本人就反对把自己的历史理论一般化，绝对化，教条化。在1877年，马克思批评了米海洛夫斯基，因为后者妄图把马克思的关于西欧资本主义起源的历史概述，彻底变成一般发展道路的历史哲学理论，并认为一切民族，不管它们所处的历史环境如何，都注定要走这条道路。马克思郑重地说道："但是我要请他原谅。他这样做，会给我过多的荣誉，同时也会给我过多的侮辱。"

列宁领导和实现十月革命的胜利，成功跨过了资本主义充分发展的长期阶段，将半封建主义的俄国带入了社会主义社会。这是对马克思主义的继承和发展，在列宁看来，世界历史发展的一般规律，丝毫不排斥个别发展阶段在发展形式或顺序上表现出的特殊性，而这种特殊性，也许恰恰是对规律的补充。因为一切事物的发展，都要取决于它所处的历史环境、具体条件。实事求是，是马克思主义的根本原则。这就容易理解，当欧洲离开文艺复兴，大踏步迈向资本主义社会时，我国却仍在封建社会的老路上蹒跚而行；而当西欧在17世纪至18世纪确立了资本主义制度，并经历了几百年，至今仍停留在资本主义历史阶段时，中国却由原来的封建社会和后来的半殖民地半封建社会这一特殊的过渡性形态，经过革命，跃进到了社会主义社会，同样跳过了资本主义制度。

第五章　社会基本矛盾的解决方式

　　人类社会在基本矛盾的作用下不断发展，不断地从一种社会形态转变为另一种社会形态。在人类社会发展经历的五种社会形态中，从低到高依次是，原始社会、奴隶社会、封建社会、资本主义社会，以及共产主义社会（社会主义社会）；就性质不同可划分为，阶级对抗性质与非阶级对抗性质两种，前者包括奴隶社会、封建社会和资本主义社会，后者包括原始社会和共产主义社会。每种社会形态因其性质不同，各自具有不同的基本矛盾和不同的矛盾表现形式，因而，解决基本矛盾的方式也各不相同。本章就来探讨社会基本矛盾的具体解决方式，每一种解决方式，都体现出了它对社会发展所具有的作用。

第一节　阶级斗争

一、阶级的起源与发展

阶级是一种历史现象，它不是从来就有的，也不会是永远存在的，它只是在社会生产有了一定的发展，而同时生产发展又不足这样一个历史阶段上存在的现象。由此可见，阶级的产生和发展与经济发展有密切联系，所以说，阶级不仅是一个历史范畴，同时也是一个经济范畴。

根据大量的史料表明，在漫长的人类社会原始阶段并不存在阶级。那时人类刚刚脱离动物界，生产力极其低下，人们只能共同劳动，平均分配，没有任何剩余产品可供私人占有，因此不可能发生阶级的分化。到了原始社会后期，随着生产力的发展，开始有了剩余产品，出现了一部分人占有他人劳动成果的可能；同时，出现了社会分工和产品交换，这就使财富的积累和大量占有他人劳动具备了现实的途径。于是，以血缘联系为纽带的氏族制度最终瓦解，出现了以家庭为基本单位的私有制经济制度，出现了最初的阶级社会——奴隶社会，出现了最初的两个阶级——奴隶主阶级和奴隶阶级。

由此可见，阶级产生的根本原因在于社会经济生活的发展和变化。剩余产品的出现，是阶级产生的物质基础；生产资料私有制的确立，则是它产生的直接原因。所以说，阶级在实质上是一个经济范畴。列宁1919年给阶级下了一个定义："所谓阶级，就是这样一些大的集团，这些集团在历史上一定的社会生产体系中所处的地位不同，同生产资料的关系（这种关系大部分是在法律上明文规定的）不同，在社会劳动组织中所起的作用不同，因而取得归自己支配的那份社会财富的方式和多寡也不同。所谓阶级，就是这样一些集团，由于它们所在一定社会经济结构中所处的地位不同，其中一个集团能够占有另一个集团的劳动。"列宁对阶级的定义说明，阶级就是在一定生产关系中处于剥削和被剥削的不同的经济地位的社会集团。划分阶级的根源，在于对生产资料的关系不同。阶级的产生、存在和发展，是同经济发展过程联系在一起的。

诚然，一定的社会阶级形成之后，也会在政治思想、道德感情和生活习惯等方面表现出自己的特征，但这些归根到底是它们的社会经济地位和物质利益关系的反映，是为特定的经济关系所决定的。统治阶级之所以具有统治地位，被统治阶级之所以被奴役，都是由经济地位决定的，这一点是毋庸置疑的。

但是，历来的剥削阶级思想家为了维护统治阶级的利益，都千方百计地掩盖阶级的经济根源和实质，竭力抹杀阶级同经济剥削相联系这一根本特征，而是用种族的、心理的、神学的、道德的等种种非本质的东西来说明阶级对立的本质，力图证明阶级和剥削的合理性。

比如，柏拉图在《理想国》中，把人分为三类，即统治者、武士（辅助者）和劳动阶级，他以灵魂说和神创论作为等级划分的根源。在柏拉图看来，人的灵魂是不同的，这是由神所赋予的，神用不同的金属造出不同等级的人。具有统治能力而适于统治的人，是神用金子塑造的，因此，这些人是最珍贵的；另一些人是神用银子做成的，这些人就成为统治者的辅助者；其他的人，如农夫和手艺人，是神用钢和铁做成的，柏拉图把他们叫做"人羊"。同时，柏拉图为了使奴隶主阶级永世居于统治地位，把这三种等级的人不仅说成是神造的，而且还把他们看作是世袭的和遗传的，一个人属于哪一种人，他所生的子女也就是哪一种人。以此麻痹奴隶阶级，使他们安于被剥削的境地。并且，柏拉图还把三个阶级各司其职，各尽其责，看作是城邦的"正义"所在。换言之，统治者统治，武士们辅助，奴隶们被奴役，这样的国家才是正义的国家。显然，柏拉图是从统治阶级的立场出发，以人性论和神创论作为划分阶级的根据，企图建立森严的等级制度，为奴隶主贵族统治的"合理化"、"永恒化"作论证。

印度在奴隶制国家产生过程中，出现了有名的"种姓制度"的社会等级制度。种姓分为婆罗门、刹帝利、吠舍、首陀罗四个等级。它是古代世界最典型、最森严的等级制度。这四个等级在地位、权利、职业、义务等方面有严格的规定：第一等级婆罗门，主要是僧侣贵族，拥有解释宗教经典和祭神的特权；第二等级刹帝利，是军事贵族和行政贵族，他们拥有征收各种赋税的特权；第三等级吠舍，是雅利安人自由平民阶层，他们从事农、牧、渔、猎等，政治上没有特权，必须以布施和纳税的形式来供养前两个等级；第四等级首陀罗，绝大多数是被征服的土著居民，属于非雅利安人，他们从事农、牧、渔、猎，以及当时被认为低贱的职业。按照"种姓制度"，各等级职业世袭，父子世代相传；各等级实行内部同一等级通婚，严格禁止低等级之男与高等级之女通婚；首陀罗没有参加宗教生活的权利；各等级在法律上是不平等的。

无论统治阶级怎样极尽所能地论证、美化自己的统治地位，以此来掩盖阶级的经济根源，都无法阻止被统治阶级起来反抗，来夺回属于自己的经济利益和经济地位。阶级斗争在阶级社会里，势所难免。一切阶级斗争，归根结底，都是围绕着经济利益这个轴心展开的。所以，恩格斯指出："以往的全部历史，除原始状态以外，都是阶级斗争的历史；这些互相斗争的社会阶级在任何时候都是生产关系和交换关系的产物，一句话，都是自己时代的经济关系的产物。"历史上的一切剥削阶级，总是凭借他们所占有的生产资料和在生产体系中所处的统治地位，对被剥削阶级实行残酷的压榨和掠夺。同时，为了维护和加强他们在经济上的统治地位，又必然对被剥削阶级实行政治统治和思想控制。但是，根据社会基本矛盾理论，生产关系一定要适合生产力，上层建筑一定要适合经济基础，社会才能得到发展。在阶级社会里，随着生产力的不断发展，生产关系由先前的适应向不适应转变，对生产力发展的阻碍作用越来越明显。这就要求变革生产关系。另一方面，由于统治阶级极力维护已经僵化了的生产关系，于是，生产力与生产关系的矛盾必然表现为阶级之间的矛盾，被剥削阶级为了维持自己的生存，摆脱受剥削、受压迫的地位，必然起来反抗统治阶级。于是，历史上出现了阶级斗争。阶级斗争是阶级社会基本矛盾的主要表现形式和解决方式。

二、阶级斗争及其历史作用

在阶级社会中，生产力与生产关系、经济基础与上层建筑的矛盾发展到一定程度时，必然会通过阶级斗争表现出来。社会发展的经济动因与阶级斗争动力是联系在一起的。正如英国马克思主义者特里·伊格尔顿所指出的那样，马克思思想的独特之处，在于他将阶级斗争和生产方式这两个概念结合在一起，从而创造了一种全新的历史观。尽管生产方式和阶级斗争都并非马克思的原创，但是，马克思通过对英国古典政治经济学、法国历史主义理论等人类思想史的研究，最终发现了人类社会发展的基本矛盾，并把它与阶级斗争联系在一起，社会的基本矛盾的解决，离不开阶级斗争。阶级斗争是人类历史最基本的东西。

19世纪后期，德国工人政党内部，出现了一股改良主义思潮，鼓吹阶级合作，反对阶级斗争。这对当时工人阶级的革命事业，是极其有害的。因此，马克思、恩格斯向德国工人政党的领袖们及时发出警告，严肃地指出："将近40年来，我们一贯强调阶级斗争，认为它是历史的直接动力，特别是一贯强调资产阶级和无产阶级之间的阶级斗争，认为它是现代社会变革的巨大杠杆，所以我们决不能和那些想把这个阶级斗争从运动中勾销的人们一道走。"

在阶级社会中，阶级斗争是历史发展的直接动力。

首先，在阶级社会里，阶级斗争的推动作用表现在社会形态的更替中。当社会基本矛盾尖锐化时，即当旧的生产关系不适应生产力的发展，变成生产力发展的障碍时，代表生产力发展要求的先进阶级，就会努力变更旧的生产关系以及旧的上层建筑，这时，必然会同维护旧的生产关系和上层建筑的反动阶级狭路相逢，形成尖锐的对抗。当然，旧的统治阶级是不会束手就擒的，他们会拼死保护旧的生产关系，妄图苟延残喘，维护统治地位。历史的车轮是不会停下来的，在最关键的时刻，先进阶级奋而起身，进行革命斗争，一举推翻反动阶级的统治，建立新的社会形态，并建立适合生产力发展要求的新的生产关系，从而推动社会继续前进。

例如，由于生产力的发展，在封建社会后期，孕育着资本主义的生产关系，并终于产生了资产阶级和无产阶级。这时，封建的生产关系越来越严重地阻碍着生产力的发展，资产阶级作为新的生产力的代表，要求用资产阶级的生产关系代替封建的生产关系。相反，地主阶级为了自己的生存，竭力使用掌握在自己手中的国家机器，维护封建的生产关系。资产阶级与地主阶级的矛盾，日益尖锐。最后，当资产阶级在各方面都强大起来，就联合农民等其他阶级，发动资产阶级革命，推翻地主阶级的政权，用资本主义的生产关系，代替封建的生产关系，资本主义社会诞生了。历史翻开了新的一页。

其次，阶级斗争的作用还表现在同一社会形态的量变过程中，为最后的质变作准备。在同一社会形态中，生产关系对生产力、上层建筑对经济基础，在一定的时期内，基本上是适应的，但仍然存在着深刻的矛盾。剥削阶级为了自身的利益总是最大限度地剥削和压迫被剥削阶级，从而激起被剥削阶级的反抗和斗争。这些斗争都不同程度地打击了剥削阶级的统治，迫使统治阶级对被剥削阶级作出某些让步，适当调整经济政策，从而或多或少推动了生产力的发展，为社会形态的质变，做好准备工作。

例如，我国封建社会漫长，其间朝代更替频繁，农民起义和农民战争风起云涌。有秦末的陈胜、吴广起义，西汉的赤眉、绿林起义，隋末的瓦岗军起义，元末的红巾军起义，明末的李自成起义等，直接导致了当时封建王朝的灭亡。在资本主义社会，有无产阶级的罢工和起义。19世纪上半叶，欧洲工人爆发了"三大工人运动"，即法国里昂工人起义，英国宪章运动和德国西里西亚纺织工人起义。工人阶级与资产阶级的对抗进一步升级，资本主义陷入了生存和发展的危机，迫使资产阶级采取某些缓和阶级矛盾的措施。比如，对不适应生产力发展的生产关系、经济关系进行某些调整，对一些过于苛刻的政策做一些松动。资本家不得不同工人进行谈判，提高工人工资及各种福利待遇等，以缓和劳资矛盾。这种阶级斗争的不断进行，也使被剥削阶级经受锻炼，积蓄力量，为最后的质变，即从根本上改变旧的社会制度创造条件。

最后，阶级斗争的作用是历史的、变化的，受历史条件的限制。对于阶级斗争的历史作用，必须从不同时代生产发展的状况、社会基本矛盾的状况来说明。不能脱离客观现实，片面否认或夸大阶级斗争的作用。历史上的一些阶级斗争，如奴隶反抗奴隶主、农民反抗封建地主、资产阶级反抗封建专制的斗争，虽然不同程度地打击和动摇了剥削阶级的统治，促进了生产力的发展，推动了历史的进步，但是，由于它们所代表的生产方式仍然是私有制的，没有从根本上彻底改变生产方式的性质，不过成为剥削阶级改朝换代的工具。正如马克思、恩格斯所指出的："从灭亡了的封建社会里产生出来的现代资产阶级社会，并没有消灭阶级矛盾。它不过用新的阶级、新的压迫条件、新的斗争形式代替了旧的罢了。"可见，在阶级社会中，相互对立的阶级之间的斗争，只不过是以一种剥削制度代替另一种剥削制度，因而，这种斗争的革命性和进步性是有限的。随着历史的发展，阶级斗争必然导致无产阶级革命，建立无产阶级专政的社会主义国家。无产阶级不同于历史上的一切阶级，它代表了新的生产方式，是最有前途、最富有革命彻底性的阶级。无产阶级通过阶级斗争夺取政权，用无产阶级专政代替资产阶级专政，用社会主义代替资本主义，最终实现消灭一切阶级，向无产阶级的共产主义社会过渡。由此可见，无产阶级反对资产阶级的斗争，是以消灭私有制和剥削制度、解放全人类为最终目的的斗争，它的历史进步作用是其他阶级斗争不可比拟的。

总之，阶级和阶级斗争是人类社会发展中必然出现的一种客观事实，需要用科学的态度对待阶级和阶级斗争及其在历史发展中的作用。科学的态度，指的就是实事求是的态度，就是要用马克思主义的阶级分析方法，透过纷繁复杂的阶级社会现象，正确理解和把握阶级社会、阶级斗争的本质。既要反对任何抹杀、掩盖阶级斗争，否认阶级斗争历史作用的"阶级调和论"和"阶级斗争熄灭论"，也要反对不顾事实的"以阶级斗争为纲"、"阶级斗争扩大化"等错误思想。

例如，建国初期，毛泽东指出，社会主义社会的基本矛盾仍旧是生产力与生产关系、经济基础与上层建筑的矛盾，但是在抓生产的同时，毛泽东错误地夸大了阶级斗争的作用，把无产阶级与资产阶级矛盾同样看作是社会的主要矛盾，提出"以阶级斗争为纲"的错误方针，并以此为指导，发动了"文化大革命"运动，人为地扩大和制造阶级斗争，并形成以此为主要内容的"无产阶级专政下继续革命"的理论。这严重地背离了我国社会主义革命和建设的正确方向，严重打击和挫伤了广大干部、知识分子和群众的积极性和创造精神，阻碍了生产力的发展和社会主义革命和建设的进程。直到党的十一届三中全会，才彻底停止使用"以阶级斗争为纲"的错误口号，及时把党的工作重心转移到以经济建设为中心的轨道上来。

当然，我们并不是说今天就要否定阶级斗争的存在。我国虽然建立了社会主义制度，人民当家作主，消灭了剥削阶级，但剥削阶级的消灭还不等于阶级的完全消灭。完全消灭阶级，消灭私有制，是一个长期的历史过程，只有到了共产主义社会，才能彻底实现。因此，就我国来说，由于国内的因素和国际的影响，阶级斗争还将在一定范围内长期存在，在某种条件下还有可能激化，阶级斗争已经熄灭的观点也是不正确的。

另外，由于意识形态具有相对独立性，我国虽然已经建立了社会主义的经济基础，但一些封建的和资产阶级的剥削阶级的思想影响，还将长期存在，削弱以至放弃用无产阶级的世界观克服这些思想影响的斗争，也是完全错误的。作为发展中国家的领军人物，中国必须加大改革开放力度，加强与世界各国的广泛交往，促进和加快小康社会的全面建成。在这个过程中，国际上的阶级斗争也会以各种方式在我国反映出来，尤其是在意识形态上，资产阶级的腐朽生活方式及思想的"污染"也不能低估。党的十八大报告指出，中国始终不渝地走和平发展道路。为此，必须坚决捍卫国家主权、安全、发展利益，决不屈服于任何外来压力。我们不干涉别国内政，也绝不允许别国干涉我国内政；我们不侵占别国领土和主权，也绝不允许别国侵犯我国主权、安全、发展利益。由此可见，阶级斗争并没有完全消失，我们必须正视它，并采取积极的应对措施。正如邓小平所指出的："社会主义社会中的阶级斗争是客观存在的，不应该缩小，也不应该夸大。实践证明，无论缩小或者夸大，两者都要犯严重的错误。"

第二节 革命和改革

一、革命

同阶级斗争一样，革命也是解决社会基本矛盾的主要方式之一，是推动社会发展特别是社会形态更替的重要动力。当然，阶级斗争与革命并不是完全划等号的，阶级斗争发展到一定程度，必然导致革命。这就是说，阶级斗争范畴的外延要大于革命范畴的外延。作为历史唯物主义的范畴，革命亦称社会革命，它是阶级斗争的最高形式，它使社会形态发生质变。

（一）社会革命的实质和根源

所谓社会革命，是指社会形态的根本性变革，是革命阶级为改变旧的经济基础及其上层建筑而进行的斗争。社会革命的实质，是革命的阶级推翻反动阶级的统治，用新的、先进的社会制度代替旧的、落后的社会制度，以解放生产力，推动社会发展。历史上出现三种类型的革命：推翻奴隶制的新兴的地主阶级革命，推翻封建制新兴的资产阶级革命，以及推翻资本主义制度的无产阶级的社会主义革命。

社会革命的最深刻的根源，就在于社会基本矛盾的尖锐化。社会基本矛盾，即生产力和生产关系的矛盾、经济基础和上层建筑的矛盾运动，是社会革命的根源。当生产力的发展和旧的生产关系、经济基础的发展和旧的上层建筑之间出现矛盾冲突并激化时，社会革命势所必然。正如马克思所说的，当社会的物质生产力发展到一定阶段，并同现存生产关系或财产关系发生矛盾时，当这些关系由生产力的发展形式变成生产力的障碍时，社会革命的时代就到来了。当然，社会革命的爆发，需要主观和客观条件。客观条件，如经济条件、政治条件，革命的客观形势已经成熟；主观条件，如革命阶级的觉悟程度、组织程度和群众的发动程度等，也已具备。这表明，革命时机已经成熟：万事俱备，只欠"革命"。只要被剥削阶级发动社会革命，就一定能取得胜利。列宁领导的布尔什维克（多数派）战胜孟什维克（少数派）、战胜半封建的沙皇俄国的统治，就是最典型的例子。相反，如果革命时机并未成熟，或客观条件不成熟，或主观条件不成熟，这样的革命行动，结果必然以失败告终，并给自己的阶级造成重大的损失。明朝末年李自成领导的农民起义，因为种种原因，比如，政治谋略失误，军事指导不当，人才缺乏、用人不当、骄傲自满，等等，终致惨败。

社会革命因其性质不同，采取的形式也不尽相同，但基本上可分为暴力与和平两种形式。其中暴力革命是主要的基本的形式。马克思指出，暴力是每一个孕育着新社会的旧社会的助产婆。正如伊格尔顿所说："马克思主义的叙事是以暴力、分裂、冲突和间断为特征的。人类的确在不断进步，但正如马克思在其著作中评价印度时所说的那样，进步的过程像极了一个用无数死者的头颅为觞、饮用琼浆玉液的邪神。"

（二）革命对社会发展的巨大作用

马克思指出，革命是"历史的火车头"，是社会进步和政治进步的强大推动力。革命在社会发展中的重要作用表现在：

首先，社会革命是社会发展的质的飞跃，是实现社会形态更替的重要手段和决定性环节。当旧的生产关系严重阻碍生产力，旧的上层建筑又极力维护旧的经济基础时，必须通过社会革命这一手段来扫除历史前进的障碍。

其次，社会革命能充分发挥人民群众创造历史的积极性和伟大作用。由于社会革命代表了广大人民群众的根本利益，所以能够激发他们的革命热情和聪明才智。革命是千百万群众的事业，是列宁所说的"被压迫者和被剥削者的盛大节日"。

最后，无产阶级革命将会为消除阶级对抗，促进社会全面进步创造条件。无产阶级反对资产阶级的阶级斗争和社会革命，与以往的一切阶级斗争和社会革命在性质上和历史作用上都有根本的不同，它是人类阶级斗争史上的一场"最后的斗争"，是空前深刻和彻底的斗争。无产阶级与奴隶阶级和农民阶级，虽然同为被剥削阶级，但它又有不同于两者的特殊的历史优越性。无产阶级是现代社会化大生产的产物，它比以往的劳苦大众都更"穷"，除了自己的双手以外，一无所有，所受的压迫和剥削更深重；现代化机器大生产的劳动方式使工人阶级队伍高度集中，从而养成了团结协作、严守纪律的作风，并且有较高的思想文化素质；更重要的是，工人阶级本身的根本利益与现代化生产力进一步发展的要求是一致的，这就是彻底抛弃越来越束缚生产力发展的私有制生产关系，代之以公有制的生产关系。上述一切说明，无产阶级是最富于革命彻底性、最有前途、最有组织纪律性和战斗力的先进阶级。无产阶级是资本主义的"掘墓人"。尽管最后埋葬资本主义的任务是复杂的、艰巨的和漫长的，但无产阶级在不断积聚力量的过程中，已经做好了准备，必将实现全人类的最后解放。

二、改革

改革同样是解决社会基本矛盾的一种主要方式，是推动社会发展的又一重要动力。解决社会基本矛盾，除了通过革命，实现一种新的社会制度取代旧的社会制度外，还可以通过改革，实现社会的自我调整和局部改善，即在不改变社会制度的前提下，对旧的社会体制进行调整，以实现社会的继续发展。之所以能够实现改革，是因为该社会制度还有药可救，还有其存在的合理性。依据马克思主义，"无论哪一个社会形态，在它所能容纳的全部生产力发挥出来以前，是决不会死亡的；而新的更高的生产关系，在它的物质存在条件在旧社会的胎胞里成熟以前，是决不会出现的。所以人类始终只提出自己能够解决的任务，因为只要仔细考察就可以发现，任务本身，只有在解决它的物质条件已经存在或者至少是在生成过程中的时候，才会产生"。这表明，一个社会制度可以实行改革，是因为它的生产力还有发展的空间，是统治阶级对自己提出的"自己能够解决的任务"。当社会基本矛盾发展到一定程度，但又没能激化到引起社会革命的程度时，就需要依靠改革的途径和手段，来改变与生产力不相适应的生产关系和与经济基础不相适应的上层建筑。以期达到一定程度上解决社会基本矛盾，促进生产力发展、推动社会进步的目的。这是改革的重要作用所在。

改革是在同一种社会形态中所实行的量变，是统治阶级为了巩固和完善自己建立的社会制度而在社会各领域内采取的革新措施。社会改革所涉及的领域是多方面的，包括经济改革、政治改革、文化改革等。成功的社会改革，会激发生产者的积极性，为经济发展注入活力，推动社会生产力发展，能够革新政治，缓和阶级矛盾，增强各种体制运行的有效性，带来社会稳定。相反，失败的社会改革，往往证明了社会革命的必要性，加速社会革命的到来。

社会发展离不开改革。不同历史时期的统治阶级都曾采取过一定的改革措施，以维护统治阶级的统治，促进社会发展。我国战国时期有商鞅变法，使秦国得以强盛；北宋有王安石变法，促进了经济的发展；20世纪30年代，美国在经济萧条时期，迫于无产阶级的反抗，推行罗斯福新政，通过整顿金融、调节工业生产、调整劳资关系等手段，使美国摆脱了当时的经济危机，为后来美国经济的迅速发展打下了基础。

在社会主义社会的发展中，同样离不开改革，而且改革的作用更加突出。恩格斯指出："所谓'社会主义社会'不是一成不变的东西，而应当和任何其他社会制度一样，把它看成是经常变化和改革的社会。"由此可见，社会主义社会不改革，就不会有发展。改革对社会主义来说，尤为重要。

当代中国，在改革开放的现代化建设中，社会的基本矛盾仍然是生产力与生产关系，经济基础和上层建筑之间的矛盾。改革的直接对象，是束缚生产力发展的旧体制和旧的思想观念，就是要通过调整生产关系和上层建筑，使新体制代替旧体制，使生产关系适应生产力，上层建筑适应经济基础，从而更好地促进社会主义社会的和谐发展。邓小平指出："社会主义基本制度建立以后，还要从根本上改变束缚生产力发展的经济体制，建立起充满生机和活力的社会主义经济体制，促进生产力的发展，这就是改革，所以改革也是解放生产力。过去，只讲在社会主义条件下发展生产力，没有讲还要通过改革解放生产力，不完全，应该把解放生产力和发展生产力两个讲全了。"

由此可见，改革的最终目的，是要解放生产力，发展生产力，解决生产力落后与人民日益增长的物质文化需要之间的矛盾。从用新体制代替旧体制并解放生产力这个意义上说，改革也是一场革命，而且是一场伟大的革命。胡锦涛总书记在纪念党的十一届三中全会召开30周年大会上的讲话中强调指出："改革开放是决定当代中国命运的关键决策，是发展中国特色社会主义、实现中华民族伟大复兴的必由之路；只有社会主义才能救中国，只有改革开放才能发展中国、发展社会主义、发展马克思主义；改革开放符合党心民心、顺应时代潮流，方向和道路是完全正确的，成效和功绩不容否定，停顿和倒退没有出路。"2012年11月，党的十八大顺利召开，大会的主题与胡锦涛总书记的上述讲话是一脉相承的，都是对邓小平所开创的中国特色社会主义道路的坚持和推进——高举中国特色社会主义伟大旗帜，以邓小平理论、"三个代表"重要思想、科学发展观为指导，解放思想，改革开放，凝聚力量，攻坚克难，坚定不移地沿着中国特色社会主义道路前进，为全面建成小康社会而奋斗。党的十八大报告把改革开放摆到更加重要的战略位置，在明确全面建设小康社会目标新要求的同时，强调"全面建设小康社会，必须以更大的政治勇气和智慧，不失时机地深化重要领域改革"。改革开放是决定当代中国命运的关键决策，是发展中国特色社会主义、实现中华民族伟大复兴的必由之路。十八大为中国新一代领导集体提出了新的要求和新的目标，让我们看到了中国未来发展的新方向和新希望。

第三节　科学技术和文化

一、科学技术

科学技术作为生产力中的"软件"，是先进生产力的重要标志，是解决社会基本矛盾的方式之一，同样是推动社会发展的重要动力。科学技术是一个复合概念，是科学与技术的总称。科学与技术既相区别，又有着十分密切的联系。科学是一种知识体系，是对自然、社会和人的思维各个领域规律的概括和总结，是一个含义十分广泛的概念，包括自然科学、社会科学、思维科学等。"科学技术"中的"科学"，主要指的是自然科学。所谓自然科学，是以人们对自然规律和本质的正解反映为内容，以概念、判断、推理和假说等逻辑形式表述的知识系统。技术泛指根据生产实践经验和自然科学原理而形成的各种技能、工艺、设计和操作方法等。科学的目的是认识世界，回答世界是什么的问题；而技术的目的是改造世界，解决应怎么做的问题。马克思主义强调实践，强调认识世界的目的在于改造世界；在马克思主义这里，科学与技术两者相辅相成，成为不可分割的整体。科学技术的不断进步，必将实现对人类社会的最终改造，实现共产主义。

（一）科学技术革命是推动社会发展的有利杠杆

马克思曾概括，科学是历史的有力杠杆，是最高意义上的革命力量，科学技术革命是在历史上起推动作用的革命力量。例如，中国古代的四大发明推动了人类社会的历史进程，特别是极大地促进了欧洲近代社会生产力的发展。马克思把火药、指南针和印刷术称为预告资本主义社会到来的三大发明。火药把封建社会的贵族骑士阶层炸得粉碎；指南针帮助资产阶级打开了世界市场，并建立了殖民地；印刷术变成了科学复兴的手段。近代以来，科学技术革命极大地推动了社会历史的进步。以蒸汽机的发明为标志的第一次工业革命，使资本主义生产迅速过渡到机器大工业时代；以电力的发明为标志的第二次工业革命，使社会生产力又一次得到迅猛发展；20世纪中期以后出现的以众多高科技为标志的第三次科学技术革命，推动了人类社会由工业经济形态向信息社会或知识经济形态的过渡。每一次科学技术革命，都不同程度地引起生产方式、生活方式和思维方式的深刻变化和社会的巨大进步。

首先，科技革命对生产方式产生了深刻影响。第一，改变了社会生产力的构成要素。科技发展促进劳动资料（特别是生产工具）的变革，使生产过程自动化程度提高，改变了体力劳动与脑力劳动的比例。例如，冶炼技术的发展，使得铁器工具广泛应用于农业生产，代替了石器；机械农具的使用代替了手工农具，极大地促进了生产力的发展。同时，科学技术也促进劳动对象的变革，扩大了劳动对象的范围。例如，海洋探测技术的发展，使人类的生产活动扩展到深海海底。2012年中国深海运载技术得到了空前的发展，载人潜水器"蛟龙号"多次下水，最大下潜深度达7062米，这必将促进中国的深海生物考察、多金属结核资源勘查等深海勘探、海底作业。第二，改变了人们的劳动形式。微电子技术的出现和广泛应用，智能机器代替了人的部分脑力劳动，使人们的劳动方式发生了根本性的改变，正在经历着由机械自动化走向智能化、由局部自动化走向大系统管理和控制自动化。现代科技革命的实质，主要不是减轻或替代人的体力，而是替代或延伸人脑的部分职能，是一场智能革命，是人脑的一次解放。人工智能的发展，是现代科技革命的最突出成就，它使人类日益从笨重的、有危险性的劳动中解放出来，并且使人变得更聪明，把人们的智力放大了千百万倍，全面地提高了人类征服自然的能力。第三，改变了社会经济结构，特别是导致产业结构发生变革。科学技术革命不但使传统的工农业生产部门和运输业等面目一新，并且造成一系列新兴的生产部门，即第三产业或服务业的兴起。例如，网络服务业。当今世界，电子计算机在第三产业的渗透最为广泛，第三产业已成为拥有计算机最多的部门，由此产生了十分巨大的影响力：拓展了第三产业的服务领域，导致了经营方式和管理方式的革命性变革；提高了企业管理的现代化水平，带来了高效率和高效益；提供了优质、便捷的服务，为社会生产和生活消费创造了全新的服务方式。从事第三产业的人数比例迅速增长，第三产业在国民经济中所占的比重日益提高。

其次，科技革命对生活方式产生了巨大影响。现代科技革命把人们带入了信息时代。现代信息技术为人们提供了处理、存储和传递信息的手段，给学习、工作和生活带来了极大的方便。古人只能望月寄思，现代人就没有这种烦恼了，无论相隔多远，都可以"见面"聊天。同时，劳动生产率的提高给予人们日益增多的闲暇时间，从而使人们能够有更多的时间从事自己喜爱的事业和活动，为人们自由全面发展创造了更多的机会。

最后，科技革命促进了思维方式的变革。思维方式是客观事物和社会实践活动经验经人脑的归纳而形成的思维定式，是人们对客观事物进行认识、分析、评价进而建立概念的手段。它产生于人类的社会实践，并且随着社会文明的进步和科学技术的发展而变更。从人类文明发展过程看，在古代，以农业为主，人类刀耕火种，靠天吃饭，为了生存，人类必须了解自然，探索自然的奥秘。然而由于认识能力的限制，人类无法理解复杂的自然现象，只能以直观思考、猜测来解释自然，因而产生了神秘的唯心主义的思维方式；在近代，随着工业的发展，科学的发展进入到搜集材料的阶段。它注重对细节的了解，采用孤立的、静止的、片面的方式，把自然界当成一个既成事物，分门别类地进行分析研究。人们对客观事物的了解，一方面越来越深入，但另一方面也越来越狭窄，于是就形成了撇开总体联系、孤立考察事物和过程的机械思维方式，也叫形而上学的思维方式。尤其是牛顿力学的建立和证实，使机械思维方式逐步成为工业时代人们思维活动的规范。人们把牛顿力学的基本概念作为量度和评价一切事物的准绳。牛顿的物质运动观、时空观、力学定律、万有引力定律成为人们思考、分析问题的基石，支配着他们把化学、地质学、电磁学，甚至生物学等领域中不同质的物体运动变化统统纳入机械运动的框架。

在现代的知识经济时代，信息和技术成为社会生产力发展的主要动因。信息科学技术是综合多学科而出现的一门交叉科学技术。它起源于信息论和电子计算机，随着现代科学技术的综合化、一体化，信息科技革命由信息论和电子计算机、系统论、控制论、数学、生物学、电子学、心理学等学科以及系统工程、自动化、遥测、通信等技术相结合而产生。信息科学技术的出现使人类的认识对象发生变化：任何思维对象都不是孤立于环境之外的，不具有内部要素和结构的质点，而是按一定结构方式组织起来的有机整体，是大系统中的一个子系统；信息科学技术的出现要求人们的思维方法发生变化：要从要素与要素之间，要素与系统之间，系统与系统之间，系统与环境之间的相互联系，去把握客观对象，思考和解决问题。思考问题要具有整体观点，动态观点，择优观点等，以达到优化思维的目的。这就产生了系统思维方式。系统思维方式是在现代条件下，对马克思、恩格斯所确立的辩证唯物主义思维方式的具体化，是以新的内容和形式丰富、发展了辩证思维方式。在现代科技革命条件下，人们能够运用新的理论工具和现代化技术手段，去研究一系列新现象、新领域、新课题。

总之，科学技术是社会发展的重要动力。当今世界，科学——技术——生产越来越紧密地结合在一起。根据马克思主义，社会生产的需求归根到底决定着科学的发展，正如恩格斯所说："社会一旦有技术上的需要，这种需要就会比十所大学更能把科学推向前进。"这说明了生产实践的重要性和基础地位。不过，随着科学技术的发展，科学——技术与生产之间的关系出现了新的特点，由原来的生产——技术——科学，转而成为科学——技术——生产。将科学率先所取得的理论成果，投入生产当中，就转化为巨大的生产力，从而推动社会的进步。这说明，科学对生产具有向导的作用。美国之所以成为世界强国，就在于国家的科学技术创新始终居于世界领先地位。

硅谷就是一个最好的说明。一个国家，一个民族若能在科学技术上不断进取，就有可能实现社会经济的跨越式发展。事实证明，我国制定并实施的"科教兴国"战略，鼓励自主创新，促进科技事业和社会主义建设事业蓬勃发展，是正确的战略决策。相信在不久的将来，中国必将实现最伟大的复兴。

（二）科技异化：科学技术的两重性

科学技术是一把双刃剑，对社会发展具有两重性作用。它既可以通过变革生产力的诸要素来促进经济和社会的发展，造福人类，同时也可能产生科技异化，由于科学技术的使用不当而给人类的生存和发展带来消极后果。

在当代，科学技术发展造福人类的同时，也带来了诸多的"全球问题"，科技产生异化，负面作用不断增强。现代科技并未像人们所期待的那样，为人们带来空前的自由与全面发展，技术正在成为统治人的物质力量，并进而强化了工业社会对人的统治。比如，由于对自然规律以及人与自然关系认识不够，在从事实践活动中，对科学技术使用不当，缺乏对科学技术消极后果的控制手段，从而产生生态失衡、环境污染等问题；另外，由于社会制度方面的原因，同样可能导致科技异化，带来诸多消极后果。马克思这样评价资本主义的科学技术作用："技术的胜利，似乎是以道德的败坏为代价换来的。随着人类愈益控制自然，个人却似乎愈益成为别人的奴隶或自身的卑劣行为的奴隶。甚至科学的纯洁光辉仿佛也只能在愚昧无知的黑暗背景上闪耀。"这表明，资本主义制度下，科学技术的发展不但无助于人们健康幸福，相反，还把人沦落为工人，变成"奴隶"，产生了人的异化问题。科学技术有时"表现为异己的、敌对的和统治的权力"。

那么，人类究竟应该如何看待"科学技术"本身呢？怎样才能解决科技带来的异化或"全球问题"呢？

20世纪，由于科学技术突飞猛进，并且具有惊人的表现，于是出现了"技术决定论"思潮。它分为乐观主义与悲观主义两派。乐观主义技术论主要代表人物有，丹尼尔·贝尔、阿·托夫勒等人，他们用"后工业社会"、"信息社会"、"经济一体论社会"、"第三次浪潮"、"第四次浪潮"等新概念，来表征现代社会的变化。由于新技术革命，人类社会由工业社会进入信息社会，又因为现代计算机、遗传工程、新型结构材料、海洋开发以及航天等新技术的广泛应用，致使乐观主义者们认为，科学技术将解决当前西方社会的种种难题。相反，悲观主义技术决定论则把科技看作是与人相敌对的异己力量，妄图把资本主义社会产生的人的异化以及"全球问题"归罪于科技进步，以马尔库塞、弗洛姆为代表。马尔库塞在《单向度的人》中强调，技术的合理性已经转化为政治的合理性，技术受到顶礼膜拜，而人则成为工具化了的人。还有反科学主义者，把失业、战争、环境污染、民族文化的衰退、某些人的精神堕落等，都看成是科学的罪过，甚至主张回复到不要科学的古代社会乃至原始状态去。显然，无论是技术乐观主义者还是技术悲观主义者，两者都是在走极端，都是不可取的。

马克思主义承认，科学技术具有两重性，但我们并不能简单地肯定一切，同样也不能简单地否定一切。科学技术的进步，不足以克服社会关系中的各种矛盾，不足以克服资本主义制度所固有的矛盾，以及解决所有社会难题。当然，只因科学技术具有负面作用而悲观地主张回到原始状态，也是不现实和不可能的。马克思主义认为，因科学技术使用不当而带来的消极后果，人类在以后的实践过程中应该力求避免。例如，要用科学的自然观和发展观指导人们与自然和谐相处，要树立全球观念和危机意识，克服眼前利益和局部利益的狭隘视野，克服急功近利的行为等；而另一方面，由于制度本身带来的消极后果，例如，资本主义制度下，人的异化及被剥削问题，只能靠消灭资本主义制度本身来实现。

科学家爱因斯坦，在20世纪40年代作为"曼哈顿"工程的主要参与者，与不下十位诺贝尔奖获得者共同完成了制造原子弹的工程。科学家们制造原子弹的目的，是要人们清楚原子弹的威力所在，以警告人们不要轻易使用原子弹，尤其不能用来危害人们生命财产安全、危害和平。但当美国于1945年8月在日本广岛和长崎投下两颗原子弹，造成大量无辜生命和重大财产损失时，让爱因斯坦更加清醒地看到了科学技术的两重性，更加验证了他早在1931年说过的话。1931年，在对美国加利福尼亚理工学院大学生的讲话中，爱因斯坦说道："如果你们想使你们一生的工作有益于人类，那么，你们只懂得应用科学本身是不够的。关心人的本身，应当始终成为一切技术上奋斗的主要目标。关心怎样组织人的劳动和产品分配这样一些尚未解决的重大问题，用以保证我们科学思想的成果会造福于人类，而不致成为祸害。"沃尔特·本雅明也认为，没有任何一份文明的纪录不同时是一份野蛮的纪录。这些都是对科技异化的深刻反思。

二、文化

文化是人类特有的现象，是人类解决基本矛盾的手段和方式，它对人类社会发展具有不容忽视的作用，是社会发展的动力之一。

文化概念外延十分广泛，通常在广义和狭义两种意义上使用。广义的文化把文化理解为人化或社会化，即凡是经过人或社会加工过的东西都是文化，它体现为人类社会物质文明和精神文明所达到的程度和方式。广义文化与自然相对。狭义文化是指精神文化，它包括精神领域里的一切，如思想、意识等主观活动及其成果。通常人们把文化与经济、政治并列使用，这种文化便是狭义上的文化，即把它看成观念形态或精神文明，主要包括社会意识形态。当然，非意识形态的自然科学和语言等也在狭义文化之列。狭义文化与社会的经济、政治相对，它是社会的重要组成部分。历史唯物主义所要讲的，主要是指狭义文化，它与经济、政治相互交融。

从人类社会产生、发展和终极的角度来看，经济起基础的决定作用，文化是经济政治的反应，反作用于经济和政治。马克思主义认为，文化的作用虽然不都是积极的，比如，传统文化就具有积极和消极的两重性。但是从整个人类发展过程看，没有文化就不会有人类社会，就不会有人类社会由低级向高级阶段的发展，从这个意义上说，文化有助于解决人类社会基本矛盾，它也是人类社会的重要推动力。

文化的功能（作用）与文化的价值紧密相连。任何文化都是人的本质力量的展现，体现了人的价值性。因此，文化的功能正是文化价值本身的实现。文化的社会功能主要表现在以下几点：

首先，信息功能。只有人类才有文化。动物的所有生存能力，都是基于物种自身的特定遗传本能来实现的，而人类除了具有生物遗传机制外，还能够实现由生物遗传机制向社会遗传机制的飞跃。正像马克思说的，动物只是按照它所属的种的尺度和需要来建造，而人却懂得按照任何一个种的尺度来进行生产，因此，人能够按照美的规律来建造。例如，蜜蜂可以用舞蹈的姿势和速度向其他蜜蜂指明方向和食物所在，鸟儿会用歌唱招呼同伴，海豚会发出吹笛一样的声波传送情况和命令，等等。但它们的信息交流都是由生物遗传决定的，很少发生变化，仅仅局限在第一信号系统的范围内。人类则与动物不同，人类能够通过社会遗传而进化，这就是文化的信息功能所在。文化具有人类社会约定的符号系统，能起到固定、表达、储存、传递和加工社会信息的作用。也就是说，文化不仅充当人类社会历史经验的记事本和贮藏室，而且可以对它们进行复制和加工，从而使社会信息的传递突破时间和空间的限制，突破个人直接经验的范围，能够把社会的过去、现在和将来，把直接经验和间接经验都联结在一起。文化的这种信息功能，使人类的知识、智慧不致因个体的消失而消失，使社会经验一代又一代地传递下去。因此，文化是人类的"社会遗传密码"，具有历史继承性，它不断地促进社会和人类自身的进步。

其次，教化、培育功能。人类创造文化，但文化反过来也会影响人、塑造人。文化的重要意义，就在于通过知识体系、行为方式等规范人的行为，使人有效地适应社会环境和人际关系，成为社会的人。这就是文化的教化、培育功能所在。

马克思主义认为，文化是对社会进行精神统治的重要手段。占统治地位的文化具有维系巩固社会制度，调控并保证、规范社会正常运转，保持社会稳定的作用。马克思在《德意志意识形态》中说："统治阶级的思想在每一时代都是占统治地位的思想。这就是说，一个阶级是社会上占统治地位的物质力量，同时也是社会上占统治地位的精神力量。"作为统治阶级的文化，是统治阶级所在社会的主文化，是占统治地位的道德伦理规范、政治规范、审美情趣、宗教信仰的总和，是一种极强的精神催化剂。一方面，无论在理论层面、行为方式层面，还是在社会心理和潜意识层面，文化都要发挥它的教化和培育功能，影响和制约着社会成员的价值取向。另一方面，文化具有思想的统摄性。文化对社会成员行为思想起着导向、鼓舞和凝聚的作用。文化作为一种思想统治手段，在规范社会运转，维护社会稳定中发挥着重要作用。

最后，社会发展动力功能。文化作为人与自然、人与人之间关系的中介形式，具有推动社会前进、发展的功能。文化作为人类满足自身需要的一种手段，是人类社会发展的动力之一。有的动物偶尔也能制造出简单的工具来求得生存，但它并不具有目的性和计划性，完全是出于本能的活动。恩格斯在

《自然辩证法》中说："动物仅仅利用外部自然界，简单地通过自身的存在在自然界中引起变化；而人则通过他所作出的改变来使自然界为自己的目的服务，来支配自然界。"人创造出改造外部世界的手段，并通过对外部世界的改造来满足自己的需要。这种改造外部世界的基本手段，就是文化活动模式。比如，在封建社会，农民以简单铁器、牲畜从事农业生产，而当代农民则是机械化作业，这就必然形成不同的活动模式和社会发展程度。在人类历史发展中，文化特别是它的活动模式的每一次重大更新或优化，都会改变人类满足需要的手段，带来新的更高级的需求，从而促进社会不断进步。

作为社会主义国家，我国在社会发展中除了重视发展经济，发展生产力以外，同时注重文化建设，因为先进文化是有效地解决人类社会生存和发展中各种矛盾的有利的精神武器。我国现阶段，仍处于社会主义的初级阶段，必须坚持以经济建设为中心，这一基本方针是不可动摇的。但文化并不仅仅是经济的附属品，文化在社会发展中的作用越来越凸显，越来越重要，这不仅是因为文化在相当程度上已经直接体现为现实的生产力，也因为文化需求在经济发展达到一定水平后，必然成为社会进步的最重要拉动力量之一。文化在经济与政治之间具有不可替代的沟通作用。另外，文化也是构成国家综合实力的重要因素，是凝聚人心的黏合剂。

21世纪是世界大变革、大转折、大发展的时代，随着全球化趋势的加强，国际经济、政治、文化等竞争日益加剧。在国际政治舞台上的较量过程中，经济因素的地位逐渐上升，文化因素也随之上升。构建中国特色的社会主义和谐社会，一方面需要传承和弘扬中华民族优秀文化，另一方面需要不断地进行文化创新。中华民族五千年历史，创造了辉煌灿烂的中华文化。诸如，影响深远的诸子学说，浩如烟海的历史典籍，气象万千的诗词歌赋，独具匠心的书画雕塑，泽被后世的四大发明……这些都令世人推崇备至，惊叹不已。源远流长的中华文化，承载着中华文明浑厚的历史积淀，铸就了中华民族的伟大精神。例如，以爱国主义为核心的民族精神，构成了中华文化的思想内核，筑起了中华民族雄奇天下的精神长城，使中华民族虽历经磨难而不衰，千锤百炼而愈加坚强，是中华民族世代相传的宝贵财富，是当今激励海内外中华儿女继续前进的强大动力。在传承中华文化的同时，还必须加强先进文化建设，激发人民群众的文化创新能力。创新是一个民族进步的灵魂，是一个国家兴旺发达的不竭动力，也是发展先进文化的源泉。在新科技革命的影响下，经济的发展、社会的进步，都有赖于科学技术的发明和应用。一个国家和民族的文化发展水平，直接关系到这个国家的创新能力和进步程度。因此，在激烈竞争的国际环境下，中华民族想要实现伟大的复兴，必须要有伟大的文化，必须加强先进文化建设，提高国家文化软实力，为我国和全人类的文明进步作出更大贡献。

第六章　社会基本矛盾的指向

人类社会的历史发展，归根到底是社会基本矛盾运动的结果。生产力与生产关系、经济基础与上层建筑之间的矛盾运动，作为社会的基本矛盾，一直贯穿人类社会发展的始终。在社会基本矛盾运动的作用下，人类必将进入共产主义社会，实现最后的解放。马克思主义认为，世界历史的发展不是"无人身的理性"的纯粹精神的运作，也不是上帝的安排，而是社会基本矛盾运动作用的结果；同时，社会基本矛盾的运动，始终离不开现实的人的实践活动。现实的人及其历史活动，是社会历史存在和发展的前提。正像马克思认为的那样，历史什么事情也没有做，历史并不占有巨大财富，也没有发动战争。创造这一切、拥有这一切并为这一切而斗争的不是历史，而是人，现实的、活生生的人。历史并不是利用人实现自己目的的独立人格。历史不过是追求自身目的的人的活动。

第一节 实践：人类解放的途径

一、实践主体：现实的人

"人"是什么？一直是一个既古老又常新的话题，是人们一直在探索和思考的问题。有一个古老的谚语——斯芬克斯之谜，就是对"人"的形象的写照。

在希腊神话中，斯芬克斯是一个长着狮子躯干、女人头面的有翼的怪兽。它坐在忒拜城附近的悬崖上，向过路的行人出一个谜语："什么东西早晨用四条腿走路，中午用两条腿走路，晚上用三条腿走路。"如果路人甲猜不出来，就会被吃掉，同样，路人乙猜不出来，等待他的是与路人甲相同的命运。在无数人成为斯芬克斯口中大餐之后，俄狄浦斯猜中谜底——人。斯芬克斯因为羞愧，一头扎入崖下的大海，俄狄浦斯终结了斯芬克斯。因为除掉了斯芬克斯，解除了忒拜城的灾难，俄狄浦斯被民众拥戴为国王，并进而杀国王（其父），娶王后（其母）为妻，终铸成大错。

从俄狄浦斯的所作所为来看，即便他作为聪明人，猜出了斯芬克斯之谜，但他所理解的人，也只是人的形象或现象而已，他并没有真正理解人的本质，也并没有真正认清楚自己本身，否则他就不会"杀父恋母"了。可以说，他所理解的，只是人的动物性层面，而人的动物性是无法将人与动物区别开来的。马克思主义以前的所有哲学，都没能真正认清人的本质，或单纯从动物性层面（如费尔巴哈），或单纯从主体精神层面来理解人（如黑格尔），都是不正确的。马克思主义认为，人是"现实的人"——"我们开始要谈的前提并不是任意提出的，不是教条，而是一些只有在想象中才能撇开的现实前提。这是一些现实的个人，是他们的活动和他们的物质生活条件，包括他们已有的和由他们自己的活动创造出来的物质生活条件。"也就是说，马克思主义所讲的"人"，是从事实践活动的人，因而也是处在一定的社会关系中的人。人的本质，在其现实性上，是一切社会关系的总和。社会性是人的根本属性。

人是从事实践活动的人，实践是人的存在方式。在人类的实践活动形式当中，最基本的实践活动就是满足人们物质生产需要的实践，即物质生产劳动。在马克思看来，人类的劳动活动将人与动物区别开来。动物的本能活动是以自己的身体器官来顺应自然环境，并从自然界获得现成生活资料的一种生命活动，而人的劳动活动却是通过创造劳动工具来改造自然，并从自然界里获取自己生产的生活资料的生命活动。动物的本能活动，是对自然的一种消极适应，而人类却意在改造自然，通过有目的的、创造性的劳动活动，积极地利用自然界为自己服务。这种创造性活动，是自由的、自觉的，具有自主性。但这种自主性，不能脱离人的劳动而存在，并不是黑格尔的"绝对精神"的自我运动。这表明，人是基于劳动基础之上的人，离开了劳动、实践，就根本谈不上"人"。劳动的这种自由、自觉性，正是人区别于动物本能活动的最突出特征。

在劳动、实践的基础上，人们之间结成了各种各样的社会关系。这些社会关系构成了人的本质。在《关于费尔巴哈的提纲》中，马克思通过对费尔巴哈"自然性的人"的批判之后，指出："人的本质并不是单个人所固有的抽象物，在其现实性上，它是一切社会关系的总和。"费尔巴哈仅仅把人所具有的爱、情感、意志等"单个人所固有的抽象物"作为人的本质规定，这是一种抽象的人，而不是现实的人。相反，在马克思看来，由"一切社会关系的总和"所构成的社会性，才是人的本质所在。以乾隆皇帝为例，当他与和珅在浴室洗澡之时，后者竟然可以直呼皇帝大名"弘历"，而皇帝因为皇冠龙袍没有加身，看不出任何尊卑贵贱之分，也就只能一笑置之，没有治和珅的罪。但当二人更好衣后，站在和珅面前的人就不是他再敢直呼其名的人了，而是皇帝，一国之君。即便身为"朝中第一宠臣"，和珅也不敢再拿自己的生命开玩笑，不敢再造次了。因为尽管他在"万人之上"，但他毕竟在"一人之下"，在皇帝之下。可见，如果离开了社会关系，离开了人的社会性，就无法理解人是什么，人与人之间也就没有了分别，人与动物也就没有什么不同了。

既然社会关系的总和构成人的本质，又因为社会关系是具体的、历史的，因此，人的社会性本质，并不是像古人所说的那样，一概"性善"、"性恶"，而是处在不断的变化之中，同样是具体的、历史的。

社会关系是具体的，人的本质或人性也是具体的。人是社会中的人，在全面的社会关系中，获得多方面的社会规定性。但在所有的社会规定性中，在所有的社会关系中，如家庭关系、职业关系、阶级或阶层关系、民族关系、宗教关系、经济关系、政治关系、思想关系等等，最原始的和最基本的关系，是物质的经济关系，亦即生产关系。它对其他"关系"具有支配和决定作用，其他社会关系都是在生产关系的基础上发生的。人在生产关系中所获得的规定性，构成人的最基本的社会规定性，构成人的本质的基础。正如世界上没有两片完全相同的树叶一样，世界上也没有两个社会关系完全相同的人，即使生活在两个相同社会背景家庭关系中的个体（如孪生兄弟等），也由于作为社会主体的个体思想、志趣、爱好和性格的不同，他们所选择的生活道路也会不尽相同。因此，一定的社会关系对于每一个人来说，都是既定的、客观的、不同的，同时也是开放的、变动的、具体的。每一个体都在这样的社会关系中，选择和建构属于自己的特定的社会关系之网，并开辟自己的人生道路。这就是人的社会性的具体性之体现。

社会关系是历史的，人的本质也是历史的。社会关系不是僵死不变的，而是不断地处在历史的变动过程之中。马克思认为，人们并不能随意选择自己所面对的社会关系，以及社会的生产力等发展状况，因为在你出生之前，所有的一切已经既定地存在在那里了，所以你只能"面对现实"。但在以后的社会生活当中，"为了不致丧失已经取得的成果，为了不致失掉文明的果实，人们在他们的交往方式不再适合于既得的生产力时，就不得不改变他们继承下来的一切社会形式"。因此，随着人们创造的新的生产力的获得，生产关系以及在此基础上形成的各种社会关系，都会或迟或早地发生变化。而随着社会关系的改变，由此决定的人的社会本质属性也会发生改变，因而人的本质必然是历史的和变动的，抽象的一成不变的人类本性是不存在的。任何一个时代的人们，都会有自己的思想观念、价值准则以及审美意识等社会本质属性。例如，古代社会的爱国主义，就是一种忠君思想，忠君就是爱国，爱国就是忠君，两者可以划等号；在社会主义新中国，爱国不但要保家卫国，更要有一种对民族同胞的认同感，爱国就是爱人民，爱人民才可能爱国，民族向心力是爱国主义的主要特征之一。

马克思从社会性来界定人的本质，这种人是"现实的人"，是从事实践活动的人，是人类历史发展的主体力量，从而解开了社会历史的斯芬克斯之谜。

二、实践：合目的性与合规律性的统一

马克思主义是一种历史决定论，即认为历史发展有其自身的规律性，并且不以人的意志为转移。但马克思主义并不认为，存在产生社会主义（共产主义）的必然性，我们就可以高枕无忧，只要顺其自然地等着规律自身运行就万事大吉了。恰恰相反，在马克思看来，历史不是纯粹精神运作的结果，也不是纯粹客观规律自身运作的结果，历史是人的历史，是人参与其中的实践活动的结果。实践作为人类能动地改造世界的客观物质性活动，既是人类主观能动性的具体体现，同样也是遵循客观规律的必然结果。合目的性与合规律性，是实践活动必须遵循的根本原则。

在《资本论》中，马克思指出，一个社会即使探索到了本身的运动规律，它还是既不能跳过也不能用法令取消自然的发展阶段，但是它能缩短或减轻新社会到来时的痛苦。在马克思看来，无产阶级作为资本主义制度的掘墓人，必须充分发挥主观能动性，通过积极的实践活动，去改变世界。马克思相信，资本主义制度一旦衰亡、崩溃，工人阶级必须挺身而出，接过

社会的领导权，凭借自己的自由意志，彻底扫除资本主义的残余，取得最后的胜利。正如马克思在《德意志意识形态》中所说的，对实践的唯物主义者，即共产主义者来说，全部问题都在于使现存世界革命化，实际地反对并改变现存的事物。实践是人类改变自身、改变世界，实现解放的根本保障和途径。实践是人类特有的活动，是人的存在方式。

根据希腊哲学，实践一词的本来含义是自由的、自我实现的活动。在实践中，人在寻求自身完善的过程中，除了实现和改变自身外，不能实现和改变任何其他。也就是说，在古希腊，哲学家们把完善自身的诸如政治活动、道德活动等，看作是实践活动，是改变自身、自我实现的活动，是体现"自由"的活动，而把体现人与自然的关系、满足人类生存所必需的生产活动或劳动，看作是彻底奴性的东西，与实践无关。在哲学家眼中，生产这种行为，是奴隶们来完成的，是一个"必需"的行为，受人类与自然、物质条件的关系的限制；而奴隶们的生产行为，所寻求的完善当然不是"人"的完善，而是物和所供使用的产品的完善。因而，"生产"活动是不自由的，并不属于实践。

马克思与以往哲学家不同，他把实践与生产紧密联系在一起，创立了历史唯物主义。尽管黑格尔在马克思之前，已经看到了劳动的积极意义，把劳动看作人的本质，但基于唯心主义的哲学立场，黑格尔唯一知道并承认的劳动是抽象的精神的劳动。因而，黑格尔并没有与以往哲学有本质的区别。马克思从唯物主义立场出发，把物质生产实践看作人类存在和发展的前提和基础。因而，马克思与以往哲学作了最彻底的清算和决裂，开创了新的唯物主义。在马克思看来，满足人类生存的物质生产实践，并不是不值一提的小事，相反，这种人以自身的活动来引起、调整和控制人与自然之间的物质变换的过程，是现存世界的基础，是人类得以存在和发展的前提。

除了物质生产实践，实践还包括处理社会关系的实践，以及科学实践等基本形式。从大的角度来说，实践内在地包含着人与自然的关系、人与社会的关系，以及人与自身意识的关系。而这些关系的总和，便构成了现存世界中的基本关系。可以说，实践以缩影的形式反映着现存世界，它蕴含着现存世界的全部秘密，是人类所面临的一切现实矛盾的总根源。

马克思主义作为"实践的唯物主义"，从实践出发去透视、理解和解决现存世界的一切问题和矛盾。一切问题，都可以在实践中得到合理的解决。物质生产劳动是人类最基本的实践活动，它从根本上决定着社会的基本性质和面貌，决定着社会结构、政治结构、观念结构等上层建筑。为了砸碎旧的国家机器，创建新的国家机器，实现最后的自由和解放，无产阶级必须不断地积聚力量，关键时刻，挺身而出，发动革命，取得胜利。正如《国际歌》中所唱到的："从来就没有什么救世主，也不靠神仙皇帝，要创造人类的幸福，全靠我们自己。"

马克思认为，人类要想获得自由和解放，必须付诸实践。实践具有目的性和计划性，实践结束时得到的结果，在这个过程开始时，就已经在实践者的头脑中，作为目的以观念的形式存在着了。例如，在《资本论》中，马克思用了一个形象的比喻，来说明人的实践活动与动物本能活动的区别：蜘蛛的活动与纺织工人的活动相似，蜜蜂建筑蜂房的本领使人间的许多建筑师感到惭愧。但是最蹩脚的建筑师从一开始就比最灵巧的蜜蜂高明的地方，是他在用蜂蜡建筑蜂房以前，已经在自己的头脑中把它建成了。这表明，实践活动是人的有目的性的活动，不同于动物的本能活动。人不仅能够认识世界，而且能够创造出自然界原本不存在的、符合人的需要的理想客体。人们要想在实践中实现自己的目的，满足自己的需要，主体必须了解客体对象的状况和属性、本质和结构，在运用物质力量和物质手段作用于客体时，就必须遵循客观规律，选择适当的方式方法，这样，人的活动必须要合规律性。只有做到合规律性，才能使活动的结果符合目的。

由此可见，实践活动的这种目的性，并不是实践主体想当然地、为所欲为地蛮干，而必须是一种以遵循客观规律为前提的有目的的活动。离开了合规律性这一实践的前提，合目的性就只能成为天方夜谭。按照马克思主义的辩证法，自由不是天马行空的自由，而是对必然的认识，必然性只有在它尚未理解时才是盲目的，才是不自由的。人在认识了必然、把握了规律之后，就可以获得行动的自由。因此，合规律性与合目的性，作为实践活动必须遵循的原则，两者并不矛盾。相反，正是这一原则，成为人类从事实践活动，达到最后解放的不二法门。

但是，到目前为止，现实的人的实践活动常常是缺乏合规律性、合目的性的，更谈不上"合规律性与合目的性的统一"。其原因主要有两点：

其一，人的活动是能动性与受动性的统一。马克思指出，人既是历史的剧作者，又是剧中人。人是剧作者，也就是说，人类社会的一切都是人类自身活动的产物，一切东西都不是预成的。人可以根据自己的目的、需要，在社会历史发展的可能性空间范围内进行选择、创造。另一方面，人又是剧中人，也就是说，人类的活动不是绝对自由的，而是受各种条件制约的，就像舞台上的演员一样，剧中人的行为举止都要受剧情即剧中人相互关系的制约。现实的人都是在既成的、给定的历史条件下活动的，他们的活动舞台是由上一代人的活动构筑的。人们不能自由地选择某一种社会形式，也不能自由选择自己的生产力。

其二，历史活动的结果是"交互作用"和"合力"作用的产物。正如恩格斯指出的，经济状况是基础，但是对历史斗争的进程发生影响，并且在许多情况下主要是决定着这一斗争的形式的，还有上层建筑的各种因素。

这表明，社会发展是由社会基本矛盾作用的结果，是生产力与生产关系，经济基础与上层建筑等一切因素间的交互作用的结果。也就是说，历史活动的结果是经济的、政治的和文化的各种因素交互作用的产物。而在这种交互作用中，归根到底是由物质生产、经济基础所决定的。恩格斯指出："历史是这样创造的：最终的结果总是从许多单个意志的相互冲突中产生出来的，而其中每一个意志，又是由于许多特殊的生活条件，才成为它所成为的那样。这样就有无数相互交错的力量，有无数个力的平行四边形，由此就产生出一个合力，即历史结果，而这个结果又可以作为一个整体的、不自觉地和不自主地起着作用的力量的产物。"

迄今为止，人类的实践活动常常带有一些有意识或无意识的盲目性和自发性，并由此造成许多不可预测和不可控制的灾难性后果。例如，1986年4月26日乌克兰发生的切尔诺贝利核泄漏事故，造成了令人难以想象的恶果，就是由于人类没能充分认识清楚核问题，对科技盲目乐观所致。在印度尼西亚，由于森林砍伐严重，导致猩猩失去家园，伤心惨死……人类与自然环境的关系问题，是当代世界发展必须正视并解决的首要问题。当然，在一定的历史阶段之内，要想完全消除或根绝人类实践活动的这种消极作用是不可能和不现实的，因而，重要的不是彻底根除实践活动的盲目性和自发性，而是需要不断地减少人类活动的盲目性和自发性，并不断地增强自主性。对于"现实的人"来说，他的活动是一个由缺乏合目的性到越来越多地走向合目的性的过程；也是一个由规律盲目地、强制地发生作用，到自觉地符合规律的过程。

当代中国，坚持"以人为本"，树立科学发展观，走可持续性发展道路，努力实现实践活动合规律性与合目的性的统一。

新中国成立之后，中国共产党人的发展观以中国特色社会主义的发展为根据，经历了一个从单纯追求经济增长的发展到强调可持续发展、再到全面协调可持续综合发展的变化过程。实践证明，单纯追求经济增长的传统发展观，既不符合经济自身的发展规律，也不符合社会的发展规律。经济是社会的基础，但社会又是一个由多种要素构成的复杂的有机体。单纯的经济增长，不能代替社会的发展，不能表明人们生活幸福。联合国在1995年的有关文件中就指出，一个社会可以有经济增长，但并不一定意味着其社会发展，发展是一个包括经济增长、政治民主、生活质量、财富分配等"品质"上的全面进步。仅有GDP是不行的，它并不能说明一切。经过改革开放20

多年的发展历程，通过对社会发展的历史经验教训的反思和总结，于2003年10月，第十六届三中全会，中国共产党首次提出"科学发展观"——"坚持以人为本，树立全面、协调、可持续的发展观"，并且提出了贯彻落实科学发展观的"五个统筹"的目标和任务，即"统筹城乡发展，统筹区域发展，统筹经济社会发展，统筹人与自然和谐发展、统筹国内发展和对外开放"。2012年11月，党的十八大报告进一步指出："解放思想、实事求是、与时俱进、求真务实，是科学发展观最鲜明的精神实质。"

解放思想、实事求是、与时俱进、求真务实，是人类实践和认识的发展规律，也是马克思主义的发展规律。按照科学发展观，坚持以人为本，实现全面协调可持续发展、建设社会主义新农村、建设创新型国家、建设社会主义核心价值体系、建设社会主义文化强国、构建社会主义和谐社会、推进生态文明建设、推动建设和谐社会等一系列新思想、新观点、新论断，这些都是对马克思主义理论的继承与发展，体现了科学精神与人文精神的统一。相信在科学发展观的指导下，人们的实践活动会不断由必然走向自由，逐步实现合规律性和合目的性的渐渐融合、直至统一。

第二节　共产主义：人类解放的家园

一、生产力的高度发展：人类解放的前提

马克思主义是一种充满人道主义和人文关怀的学说，它不是抽象的、高深莫测的哲学思辨，而是与现实紧密结合的实践理论，是指导人类解放的理论。马克思终身为之奋斗的目标，是要把人从受屈辱、遭唾弃、被奴役的状态中解放出来，实现人类解放和人的全面自由发展。解放和自由紧密相连，彻底解放，就意味着获得最全面的自由，最全面的发展。要获得自由和解放，就要使人类彻底免除压迫和奴役，从根本上消除产生压迫和奴役的原因。马克思通过对资本主义制度的深刻剖析，通过对政治经济学的批判，揭示了产生压迫的根本原因，那就是由于劳动的异化而产生的生产资料私有制；只有消灭私有制，才能消灭奴役，才能实现人类的自由和解放。因此，一切都根源于经济原因。在马克思看来，生产力的高度发展，是人

类获得解放的前提和基础。

马克思指出，"共产主义对我们来说不是应当确立的状况，不是现实应当与之相适应的理想。我们所称为共产主义的是那种消灭现存状况的现实的运动。这个运动的条件是由现有的前提产生的。"要实现共产主义，实现人类的解放，必须在现实中，使用现实的手段，从事现实的运动。这就是说，解放不是一种思想的活动，而是一种历史的活动，它是由历史的关系，如工业状况、商业状况、农业状况、交往状况等诸多方面交互影响、共同实现的。因此，马克思把无产阶级和人类解放奠基于生产力充分发展的基石之上，没有物质生产力的极大发展，就不会有人的精神境界的提高，就不会有人的全面自由的发展，就不可能实现人类解放。因此，生产力的巨大增长和高度发展是人类解放和全面自由发展的"绝对必需的实际前提"。在马克思看来，如果没有这种生产力的高度发展，那就只会有贫穷、极端贫困的普遍化；而在极端贫困的情况下，人们会重新开始争夺必需品的斗争，这样，全部陈腐污浊的东西又要死灰复燃，人类解放和自由全面的发展，就只能化为泡影。

　　资本主义社会创造了发达的生产力，为人类解放准备了前提。英国被称为"日不落帝国"、"世界工厂"，是最早走上资本主义道路和实现产业革命的国家。1506年，英国开始了剥夺农民土地的"圈地运动"，开始了充满暴力和血腥的资本原始积累。英国现代工业是从毛纺织业兴起的。随着新航路的发现，国际贸易的扩大，毛纺织业迅猛发展起来，羊毛需求量扩大，供不应求，价格不断上涨。于是贵族们把租种他们土地的农民赶走，圈地养羊，即"羊吃人"的"圈地运动"。农民无家可归，到处流浪。然后，英国统治者又颁布各种血腥法律，禁止无地农民流浪，强迫这些流浪者充当雇佣工人。托马斯·莫尔在《乌托邦》中写道："你们的绵羊本来是那么驯服，吃一点点就满足，现在据说变得很贪婪很凶蛮，甚至要把人吃掉，把你们的田地、家园、城市要践踏完了。"英国当时的法令规定，对于没有职业的流浪人，第一次被捕要受鞭打，第二次被捕要割去一只耳朵，第三次被捕要判处死刑。从1509年到1547年，被处死的流浪人有7.2万人。

　　在西欧，资本原始积累开始于15世纪下半叶，16世纪达到高潮，一直延续到19世纪初才结束。自15世纪末，葡萄牙、西班牙、荷兰、英国、法国等国的新兴资产阶级，通过武力征服海外殖民地，屠杀当地居民，抢劫金银财宝，大批贩卖黑人，进行商业战争等等，掠夺了大量财富，大大加速了货币的积累。西方殖民者在300多年时间里，仅从中南美洲就抢走250万千克黄金，1亿千克白银。1783年到1793年的十年间，英国仅利物浦一地就贩运了33万多黑人，奴隶贸易使非洲丧失的人口达1亿多。没有资本原始积累，就没有资本主义的发展，就没有发达的生产力，就不会为共产主义的实现积聚大量财富，但这种原始积累却是通过暴力掠夺而实现的，因此，资产阶级的发家史就是一部罪恶的掠夺史。诚如马克思所说，资本来到世间，从头到脚，每个毛孔都滴着血和肮脏的东西。当代女哲学家汉娜·阿伦特同样认为，剥夺是推动资本主义兴起和逐步前进的法则。

进入20世纪，尤其是一战后，美国经济迅速掘起。19世纪末20世纪初，美国成为垄断资本主义大国。因为托拉斯是当时美国垄断组织最普遍、最通用的形式，故美国在当时又被称为托拉斯帝国。到20世纪初，美国各主要工业部门都已被大托拉斯所垄断，形成各种所谓的"大王"，如石油大王洛克菲勒、汽车大王福特等。一战后，财富和机会似乎向在战争中获胜的美国人敞开自己吝啬的大门。这是一个"新时代"，"人人都应该富裕"，通用公司总裁发表了他对新时代的看法。胡佛总统也认为，"我们正在取得对贫困战争决定性胜利的前夜，贫民窟即将从美国消失。"就工业技术而言，一战以后，老的石油和钢铁工业得到长足发展，而新兴技术引发的汽车、电气和飞机工业革命方兴未艾。战争中发展的科学技术，对民用经济的推动效果明显。1915年用于新设备和新工厂的投资约为6亿美元，而到了1918年，这一数字已到25亿美元，增长率超过了300%。美国成为垄断资本主义最发达的典型国家。

当代美国，由于资本逻辑的驱使，资本家为了获取更多的剩余价值，对工人的剥削程度日益加深，工人不仅仅是资本家为了赚钱而买来的生产工具而已。资本家获取的剩余价值越多，他投入到再生产中的资本也就越多，这样就会赚取更多的剩余价值。资本家的利润就像滚雪球一样越来越大、越来越多。贪婪是资本家得以累积巨大财富的内驱力，是资本主义得以发展的深层动力。

马克思曾说，"坏的方面推动历史不断前进"。资产阶级的所作所为，表面上看，是为了满足自己的贪欲和享受，但从另一角度看，它同时也为未来的共产主义社会的到来积聚了大量的物质财富，为共产主义的实现和人类解放提供了前提和基础。虽然资本主义充满了贪婪、掠夺、杀戮、奴役等非正义的东西，但它是人类实现社会主义（共产主义）之前必须经受的考验，是人类实现最后解放的必经之路。为了未来的正义，现在的非正义似乎是不可避免的。我们要实现的目标与实现目标所采取的手段恰恰是水火不容：没有剥削就没有生产力的大幅度发展，而没有生产力的发展也就没有共产主义所必需的物质基础。在自利心、残酷的竞争和不断扩张需要的驱动下，只有资本主义能使生产力得到充足的发展，创造出社会主义制度下足以使所有人受益的剩余价值。要建设社会主义，首先必须要有资本主义的发展；建设社会主义的国家也许不需要经历资本主义的发展，但必须要有其他经历过资本主义的国家。马克思认为俄国可以跳过工业资本主义阶段而在农民公社的基础上实现社会主义；但他并没有说，俄国社会主义的实现不需要外部资本主义资源。而苏联的解体，从另外角度来看，生产力不够发达，应该也是原因之一。

根据社会基本矛盾理论，生产力决定生产关系，进而决定其他社会关系以及上层建筑的基本面貌，决定社会形态的改变，决定世界历史发展的进程。正如马克思所说的："没有蒸汽机和珍妮走锭精纺机就不能消灭奴隶制；没有改良的农业就不能消灭农奴制；当人们还不能使自己的吃喝住穿在质和量方面得到充分保证的时候，人们就根本不能获得解放。"因此，资本主义生产力的高度发展，是人类获得解放，进入共产主义社会的根本前提和保障。在社会基本矛盾作用下，在人类不懈努力的奋斗中，"资产阶级的灭亡和无产阶级的胜利是同样不可避免的"。

二、共产主义：人的本质的真正实现

共产主义社会是人类致力于建设的理想社会形态，它建立在高度发达的生产力基础之上，是对资本主义私有制的积极扬弃，是对以往社会形态的彻底超越，是人的本质的真正实现。

（一）共产主义：私有制的积极扬弃

首先，共产主义社会生产力极大发展。社会生产力高度发展，产品极大丰富，是共产主义社会实现的必要条件。当资本主义社会的生产力达到高度发达的状态之时，也就是在它所能容纳的全部生产力发挥出来之时，也就是到了它该灭亡的时候了。这个时候，无产阶级使用革命暴力摧毁旧的国家机器，建立无产阶级专政或人民民主专政。在共产主义社会，社会劳动生产率将会在资本主义发展的基础上更上一层楼，科学技术的发展水平也将达到极为发达的程度，人类认识和实践的能力都会超越以往任何一个社会。比如，各个从事物质生产的部门将会广泛采用现代化的科学技术来进行生产和管理，实现电气化、自动化等，广泛利用现代信息技术以促进生产力平稳、有序地发展。在共产主义社会，所谓产品的"极大"丰富，并不是指无限度地盲目增加物质财富。根据马克思主义的辩证法，"极大"并不是无边无际的意思，相反，它亦有其边界。在马克思看来，"极大丰富"不是无限制的，而是相对于人的实际需要来说的，是指足够满足所有人需要的产品生产规模。它不是抽象地设想越大越多越好。其实，追求物质生产力的无限增长的，不是共产主义社会，而是资本主义社会，因为资本家无限度地追求利润，这种动机驱使他们为生产而生产，以致带来包括环境在内的诸多"全球问题"。相反，在共产主义社会，人们不再有追逐利润的动机，不再是为生产而生产，因而那时的社会就能自觉地控制自己的生产规模和能力了。当然，在共产主义社会，由于生产力的高度发展，也可能会遇到资源短缺的问题，但我们相信，共产主义社会能有效解决这一问题，因为到那时，科学技术发展已经达到了足够的高度，一定会为能源问题开辟出广阔的前景；并且，由于人们并不追求无限度的物质生产力的增长，同时，人们会更加与自然和谐相处，会更自觉地参与到保护自然的行动中去。所有的一切，都会为生产力的继续发展保驾护航。

其次，共产主义社会实行生产资料公有制。在共产主义社会，由于生产力水平已经发展到了相当高的程度，由于不再存在阶级，也就没有了任何剥削和压迫，因此，社会成员都以平等的姿态在社会中进行正常交往。生产资料公有制是对资本主义私有制的胜利，是人类社会，自原始社会以来，对公有制的再次复归。所不同的是，这是一次真正意义上的公有制，它使人类得以彻底解放，远离奴役，不被生存所累。在共产主义社会，由于社会分工的消失，脑力劳动和体力劳动的对立也随之消失；劳动已不再是异化了的劳动，它不仅仅是谋生的手段，而且本身成了生活的第一需要，成为生活的乐趣所在，并真正实现了"各尽所能、按需分配"。马克思在他不同的文章当中，用掷地有声的语言宣告：共产党人可以把自己的理论概括为一句话，消灭私有制。只有在共产主义社会，才能完全超出资产阶级利益与权利的狭隘眼界，彻底废除私有制，实行普遍的生产资料公有制，社会才会在自己的旗帜上写上：各尽所能，按需分配。

社会主义社会的分配原则是"各尽所能，按劳分配"。这是因为，社会主义社会，只是共产主义的初级阶段，它还不是真正意义上的共产主义社会。马克思晚年在《哥达纲领批判》中，把未来共产主义社会划分为两个阶段，称之为第一阶段和高级阶段。后来列宁把第一阶段称为社会主义，把高级阶段称为共产主义。此后就成了约定俗成的了。

社会主义与共产主义在根本性质上是同一的，都属于同一个社会形态，即公有制基础上的社会。它们的区别是成熟程度和发展程度上的区别。在列宁看来，社会主义和共产主义之间的区别，只在于社会主义是指从资本主义生长起来的新社会的第一阶段，共产主义则是指它的下一个阶段，更高的阶段。当然，两者虽然在性质上是相同的，同属于一个社会形态，但并不能把二者划等号，因为社会的发展程度或成熟程度不同，以我国社会主义为例，我们还必须努力发展生产力，打好共产主义第一阶段的基础，为达到它的下一个阶段，即完全的共产主义而奋斗。

（二）共产主义：人的全面发展的社会

首先，在共产主义社会，人们精神境界获得极大提高。根据唯物主义历史观，社会存在决定社会意识。在共产主义社会，由于生产力的高度发达，物质匮乏的现象已经被消除，大多数压迫性劳动已经终结。这都为人们追求精神充实创造了条件。但由于社会意识具有相对的独立性，精神财富的发展与物质财富的发展并非总是携手并进、共同前进的。如果人们的欲望无限度地滋长，那么，无论生产力如何提高，物质财富怎样丰富，社会都将无法满足人们的需求。例如，在共产主义社会，如果每个人都想要一台自行车，社会完全可以满足，但是，如果每个人都想要鸽子蛋大小的钻石，或者想要一个澳大利亚，那社会恐怕实难满足。但这只是"假如"而已，因为，在共产主义社会，人们普遍受到高等教育，自私自利，"人不为我、天诛地灭"的思想，早已退出历史的舞台。相信在物质财富极大丰富的前提下，人们的思想观念、价值标准、审美情趣等精神境界必然会上升到一个前所未有的高度。可以肯定地说，人们精神境界的提高，是共产主义社会得以存在和发展的不可或缺的条件。

其次，在共产主义社会，每个人都得到自由而全面的发展。在共产主义社会，不存在任何国家，世界大同，作为阶级压迫工具的军队、警察、监狱等政治上层建筑都将不复存在。数千年来一直存在的战争也将被消除，人们将真正实现自我，实现自由而全面的发展。马克思把共产主义社会又称作"共同体"或"联合体"。在《德意志意识形态》中，马克思说："只有在共同体中，个人才能获得全面发展其才能的手段，也就是说，只有在共同体中才可能有个人自由。"在《共产党宣言》中，马克思指出，"代替那存在着阶级和阶级对立的资产阶级旧社会的，将是这样一个联合体，在那里，每个人的自由发展是一切人的自由发展的条件。"在马克思看来，以往的任何阶级国家，都是虚假的、冒充的共同体，在这些共同体中，只有那些作为统治阶级的个人，才会有自由，而对于被统治阶级的个人，则无自由可言。而在真正的共同体，即共产主义社会，各个人在自由的联合中并通过这种联合获得自己的自由。

人类解放内在蕴含了人的自由个性的生成和发展。在历史发展过程中，分工对生产力的发展和人的发展都起到了积极的促进作用。但也要看到，在资本主义社会，由于不合理分工的存在，人的个性受到压抑，对人来说，只要分工还不是出于自愿，而是自然形成的，那么人本身的活动对人来说就成为一种异己的、同他对立的力量，这种力量压迫着人，而不是人驾驭着这种力量。也就是说，在资本主义社会，劳动是异化的劳动，工人只有依靠出卖自己的劳动力，才能维持生存，因而，工人在劳动中不是感到幸福，而是感到不幸。工人的生活和活动不是自由的，而是被动的，完全受制于资产阶级的掌控。马克思认为，工人社会活动的这种固定化，是导致人的自由个性被压抑的主要原因，个人被分工限制在狭小的活动范围之内，分工成为人的个性发展的桎梏。而在共产主义社会，个人突破了分工的限制，社会活动越出了固定化的牢笼，获得了全面的社会关系，从而使人的个性获得解放，实现自由而全面的发展。正如马克思所说的："在共产主义社会里，任何人都没有特殊的活动范围，而是都可以在任何部门内发展，社会调节着整个生产，因而使我有可能随自己的兴趣今天干这事，明天干那事，上午打猎，下午捕鱼，傍晚从事畜牧，晚饭后从事批判，这样就不会使我老是一个猎人、渔夫、牧人或批判者。"由此可见，共产主义是人的本质的真正的实现，是人类历史的真正的开始。在社会基本矛盾的作用下，人类必将实现这一伟大理想。